Glückliche Menschen lachen schöner

Ruholla Nejadgashti

Bibliografische Information der Deutschen Bibliothek
Die Deutsche Bibliothek verzeichnet diese Publikation in der Deutschen Nationalbibliografie; detaillierte bibliografische Daten sind im Internet über http://dnb.dnb.de abrufbar.

© 2024 Ruholla Nejadgashti
Umschlag: Marina Rudolph
Lektorat, Korrektorat: Renate Johanna Jung
Buchsatz & Layout: Verena Blumenfeld
Publishing: Sanvema Publishing UG (haftungsbeschränkt)

Druck und Distribution im Auftrag des Autors:
tredition GmbH, Heinz-Beusen-Stieg 5, 22926 Ahrensburg, Germany

Paperback: 978-3-384-13533-9

Ruholla Nejadgashti

Glückliche Menschen lachen schöner

Lachen bedeutet loslassen

Disclaimer

Der Autor dieses Buches hat das Buch nach bestem Wissen erstellt. Ich gebe keine Zusicherung oder Gewährleistung in Bezug auf Richtigkeit, Anwendbarkeit, Eingang oder Vollständigkeit der Inhalte des Buches.

Inhalt

Vorwort

Fast 38 Jahre sind vergangen, seit ich meine Heimat, das ehemalige Persien, verlassen habe. Damals kam ich nach Deutschland, um zu studieren. Anfangs besuchte ich eine private kaufmännische Schule, um die deutsche Sprache besser zu beherrschen. Anschließend beschäftigte ich mich tagsüber mit meinem Studium, abends arbeitete ich als Kellner in einem Restaurant, um finanziell besser dazustehen.

Übrigens: Mein Vorname ist Ruholla – das bedeutet übersetzt: »Geist des Gottes«! Was für ein starker Name. Den hatte mir mein Opa ausgesucht, ein sehr belesener und frommer Mensch, der immerzu ein Buch mit sich herumtrug. Er war davon überzeugt, dass die Menschen aus Seele und Geist bestehen, also nicht sterblich sind, sondern ewig Leben. Aus diesem Glauben heraus verlor er jegliche Ängste und Sorgen über den möglichen Tod oder Verlust eines Menschen.

Besonders ein Tag ist mir bis heute im Gedächtnis geblieben: Mein Onkel war bei einem Autounfall ums Leben gekommen und alle Familienangehörigen trauerten um ihn – wirklich alle, bis auf meinen Opa. Er wirkte seltsam fröhlich, ganz anders als die anderen. Er schmunzelte sogar und sagte zur Familie, er könne nicht verstehen, warum alle weinten, denn sein Sohn sei doch nicht fortgegangen, sondern lebe im Geiste auf immer bei uns, denn seine Seele lebe weiter! Diese Einstellung begeisterte mich so sehr, dass ich meinen Opa für seine Überzeugung zutiefst bewunderte.

Ich bin so dankbar und stolz, dass ich einen so großartigen Opa hatte, der mir viel gezeigt und einiges beigebracht hat. Seine Seele möge auf ewig in Frieden Leben.

Auch meinem Vater bin ich dankbar, der mich bei allem, was ich tat, unterstützte und hinter mir stand. Leider starb er vor einigen Jahren. Mein Vater war ein tüchtiger Geschäftsmann, von dem ich viel lernen konnte.

Ich danke dem lieben Gott, dass ich heute den Mut und die Kraft gefunden habe, all mein Wissen zu Papier zu bringen und daraus ein – wie ich hoffe – spannendes und hilfreiches Buch geschaffen zu haben, das mir sehr am Herzen liegt, denn dieses Buch fasst all das zusammen, was ich in den letzten dreißig Jahren erleben, sehen und lernen durfte.

Mit diesem Buch möchte ich all meine Erkenntnisse mit euch teilen, denn was nutzt es, wenn all das nur bei mir bleibt und ich es nicht weitergebe.

Ich danke euch allen sehr herzlich!
Ruholla

Kapitel 1:
Worin liegt der Sinn des Lebens?

Die einen haben keine Antwort darauf, andere stellen sich ihre eigenen Träume vor. Die Wahrheit allerdings besteht aus zwei Wörtern:

1. Lernen

Du bist zur Welt gekommen, um zu lernen. Als Baby lernst du laufen und sprechen, dann gehst du zur Schule, um zu lernen, später besuchst du eine Fahrschule, um Auto fahren zu lernen. Du gründest eine Familie und lernst, sie gesund zu ernähren und sie sportlich aktiv zu halten. Du liest tausende von Büchern, um zu lernen. Du kannst 100 Jahre alt werden und lernst doch nie aus. Das ist auch gut so, solange wir lernfähig bleiben. Die einen lernen besser und schneller, andere etwas weniger und später.

**Egal, wann man den Fisch fängt,
er ist immer frisch.**

Kapitel 1: Wo liegt der Sinn des Lebens?

Entscheidend ist, dass du nie aufgibst, bis du dein Ziel erreicht hast. Lernfähigkeit ist eine Gabe, die der Liebe Gott uns allen gegeben hat.

Und wieder aber: Wir nutzen diese Gabe nicht gut genug. Das kann verschiedene Ursachen haben: Manche sind vielleicht zu bequem oder zu faul, andere können sich schlecht konzentrieren, wieder andere sind zu wenig selbstbewusst und trauen sich nichts zu?

Stell dir vor, du hast morgen in der Schule eine Prüfung. Wenn du deine Hausaufgaben gut erledigt hast und dich gut vorbereitet hast, sollte man davon ausgehen, dass du mit einer guten Note nach Hause kommst.

Umgekehrt: Solltest du dich nicht gut vorbereitet haben und viele Fehler bei der Prüfung machen, ist wohl klar, wie die Ergebnisse aussehen werden. Aber dies soll kein Vorwurf sein. Wir sind alle Menschen, und ja – Menschen machen Fehler, und natürlich lernen wir aus unseren Fehlern, aber es ist trotzdem wichtig, sich auf die Aufgaben zu konzentrieren und präzise zu lernen, denn je weniger Fehler wir machen, umso erfolgreicher sind wir. Noch wichtiger ist, dass wir nicht immer denselben Fehler wiederholen.

Ich war schon fast 30 Jahre alt, als ich endlich schwimmen lernte, und das ist kein Witz. Ins tiefe Schwimmbecken wagte ich mich nicht hinein, die Angst war zu groß. Ich werde nie vergessen, wie ich eines Tages im Schwimmbad war und versuchte, im Nichtschwimmerbecken etwas schwimmen zu üben. Der Bademeister wurde auf mich aufmerksam und fragte mich, ob ich schwimmen lernen möchte. Und ja – ich wollte damals nichts anderes als schwimmen lernen. Am Ende hatte ich nach drei Wochen Übung schwimmen gelernt und war darüber sehr froh, erleichtert und sehr stolz.

Danach interessierte mich überhaupt nicht mehr, wie tief ein Schwimmbecken war, denn ich konnte nun gut schwimmen.

Es macht viel aus, wenn wir etwas lernen und dann gut meistern können. Die Ängste und Sorgen verschwinden, und gleichzeitig sind wir nach einem solchen Erfolg erleichtert, fühlen uns vollkommener und sind selbstbewusster.

2. Mitmenschen helfen

Das Leben ist wie ein Bumerang. Was und wie viel du gibst, bekommst du irgendwann genauso zurück. Davon bin ich fest überzeugt. Du kannst nicht viel von anderen erwarten, wenn du selbst nicht bereit bist zu geben und zu teilen.

Glückliche Menschen lachen schöner! Die Frage ist, warum einige Menschen glücklicher sind und die anderen weniger glücklich oder sogar unglücklich. Anderen Menschen zu helfen, macht nun einmal glücklich, je mehr, umso besser.

Leider kennen viele Menschen, die nur an sich selbst denken, nur ihre eigene Probleme und Sorgen. Sie können nicht glücklicher werden, weil sie die Sorgen anderer

Menschen nicht kennen. Anderen zu helfen, bedeutet gleichzeitig, Spaß zu haben, Neues zu lernen. Dabei steigt das Selbstwertgefühl. Studien zufolge wird ein neurochemisches Belohnungsgefühl ausgelöst, wenn wir anderen helfen. Das verleiht uns einen mentalen Schub. Wenn du etwas Gutes tust, um anderen Menschen zu helfen, schüttet dein Körper Glückshormone und Endorphine aus, die positive Emotionen hervorrufen. Die Wissenschaft zeigt auch, dass freiwillige Helfer und sozial engagierte Menschen gesünder, zufriedener und glücklicher sind als jene, die nur auf ihr eigenes Wohl bedacht sind.

Wir Menschen sind wie Buntstifte. Vielleicht mögen wir nicht alle dieselben Farben, aber um ein schönes Bild zu malen, brauchen wir alle Farben, auch die, die uns nicht gefallen.

Letzte Regentropfen platschen auf die Straße, als Leo mit seiner Mama von Einkaufen zurückkommt. Auf dem nassen Weg vor ihrem Haus liegt ein Päckchen, doch der Regen hat die Schrift darauf verschmiert.

»Mama, für wen ist das Päckchen? Was steht da?«, fragt Leo aufgeregt.

Sie sagt: »Hier steht, an Familie ..., und da steht, Westfalenstraße. Den Rest kann keiner mehr lesen.«

»Aber an welche Familie? Wer wartet darauf?«, fragt Leo ungeduldig.

»Irgendwer in unserer Straße«, sagt seine Mama nachdenklich.

Während Leos Mama die Einkaufstaschen ausräumt, betrachtet Leo das Päckchen, und dabei kommt ihm eine Idee.

»Wir können von Haus zu Haus gehen und fragen, wer auf ein Päckchen wartet«, schlägt er vor.

»Das ist eine gute Idee, mein Schatz, aber leider habe ich heute keine Zeit«, sagt die Mama.

»Kein Problem«, sagt Leo, »das kann ich auch alleine. Darf ich? Bitte, Mama, dann kann ich die Leute in der Westfalenstraße auch endlich kennenlernen.«

Seine Mutter sieht den flehenden Blick ihres Sohnes und sagt: »Na schön. Aber du musst versprechen, dass du in unserer Straße bleibst.«

»Versprochen«, ruft Leo und stürmt schon mit dem Päckchen hinaus. Aufgeregt trägt er das Päckchen über die Straße. Dort wohnt ein Mädchen, das er schon oft gesehen hat. Bisher hat er sich aber nicht getraut, mit ihr zu sprechen.

Als sie die Tür öffnet, sagt er: »Hallo, ich heiße Leo, seid Ihr eine Familie, die auf ein Päckchen wartet?«

»Eine Familie sind wir schon«, antwortet das Mädchen, »auch wenn meine Eltern sich gerade streiten. Aber das macht nichts«, beruhigt sie ihn. »Das passiert öfter mal. Dann küssen sie sich und alles ist wieder gut. Ich heiße übrigens Sarah.«

Leo erzählt Sarah von dem Päckchen. Sie ist sicher, dass es nicht für sie ist und schlägt leise vor:

»Ich kann dir aber helfen.«

»Gerne«, antwortet Leo schüchtern.

»Dann starten wir gleich nebenan«, sagt Sarah.

»Wohnt da nicht die Familie Meyer, die mit einem Hund?«, fragt Leo.

»Ja das stimmt. Der Hund ist voll süß, ein Labrador, und heißt Lucky. Ich kenne die Familie Meyer. Sie sind sehr nett.«

Kaum stehen die beiden vor der Tür, da bellt Lucky schon von Weitem. Herr Meyer öffnet die Tür und versucht, Lucky zur Seite nehmen.

»Er mag Kinder besonders gerne. Am liebsten würde er mit euch den ganzen Tag spielen. Ihr braucht keine Angst zu haben. Lucky ist ganz lieb und hört auch gut«, sagt Herr Meyer. »Jedes Mal, wenn ich Lucky rufe, kommt er sofort zu mir. Ziemlich cool, oder?«, sagt Herr Meyer.

»Ja, stimmt«, sagen Leo und Sarah und sind so begeistert von Lucky, dass sie fast das Päckchen vergessen hätten.

»Nun sagt, wie kann ich euch helfen?« fragt Herr Meyer.

»Wir wollten Sie fragen, ob Sie ein Päckchen erwarten?«

»Ja. Ich warte schon seit über einer Woche auf das Päckchen und habe mich schon gefragt, warum es so lange dauert. Aber ich freue mich, dass Ihr so tapfer und hilfsbereit seid und mir eine große Freude gemacht habt. Als Belohnung möchte ich euch ein schönes Buch schenken. Das Buch heißt: Glückliche Menschen lachen schöner. Das wird euch bestimmt gefallen.«

Leo und Sarah bedanken sich bei Herrn Meyer und verabschieden sich.

Zu Hause erzählt Leo seiner Mama, dass sie das Päckchen bei Herrn Meyer mit dem Labrador abgegeben haben und dass er ihnen als Dankeschön ein tolles Buch geschenkt hat.

Die Geschichte zeigt uns: Wenn wir eine Idee haben und hilfsbereit sind, können wir Menschen große Freude bereiten und selbst auch einiges zurückbekommen.
   Oder:

Wer einen anderen mit seinem Boot ans andere Ufer rudert, ist auch selbst am anderen Ufer angelangt.

Das beste Mittel, uns vom Gefühl der Sinnlosigkeit zu heilen ist, sich einfach um einen anderen zu kümmern. Wer traurig und depressiv ist, konzentriert sich oft zu sehr auf sich selbst. Wer sich darauf konzentriert, anderen zu helfen, lenkt sich von sich selbst und seiner Traurigkeit ab. Wer anderen hilft, hilft immer auch sich selbst.

Kapitel 2:
Was bedeutet Glück?

Hast du dich jemals gefragt, was Glück und Zufriedenheit bedeuten? Glück und Zufriedenheit bedeuten, dass du mitdeinem Leben zufrieden bist und dich glücklich fühlst. Es geht darum, dankbar zu sein für das, was du hast, und das Leben auch dann zu genießen, wenn nicht immer alles perfekt ist.

Manchmal denken wir, dass wir viel mehr brauchen als wir haben, um glücklich zu sein. Aber das ist nicht immer der Fall. Glück und Zufriedenheit kommen von innen. Es ist wichtig, dass wir uns auf die positiven Dinge in unserem Leben konzentrieren und uns daran erinnern, wie glücklich wir sein können.

Eine einfache Möglichkeit, Glück und Zufriedenheit zu finden, ist dankbar zu sein. Denke darüber nach, wofür du dankbar bist und schreibe es auf. Auch scheinbar unwichtige Dinge: dass die Sonne scheint oder dass du heute etwas gelernt hast.

Es war einmal ein kleines Mädchen namens Nina, die in einem kleinen Dorf am Rande des Waldes lebte. Obwohl Nina nicht viel besaß, war sie immer glücklich und zufrieden mit ihrem Leben.

Sie war dankbar für alles, was sie hatte, und wusste, dass das Glück nicht von materiellen Dingen abhing.

Eines Tages beschloss Nina, einen Spaziergang im Wald zu machen, um ihre Gedanken zu ordnen und die Schönheit der Natur zu genießen. Tief im Wald stieß sie auf eine versteckte Hütte. Neugierig ging Nina näher, um zu sehen, wer darin wohnte. Zu ihrer Überraschung traf sie auf einen weisen Mann, der in der Hütte lebte. Dieser weise Mann hieß Paul und war für seine Weisheit und seine guten Ratschläge bekannt.

Nina erzählte Paul von ihrem Leben und wie glücklich und zufrieden sie trotz ihrer einfachen Lebensweise war. Paul lächelte und sagte:

»Nina, du hast etwas sehr Wichtiges entdeckt. Du hast entdeckt, dass Glück und Zufriedenheit in deinem Inneren liegen, nicht im materiellen Besitz oder den äußeren Umständen.«

Nina nickte zustimmend, und Paul fuhr fort:

»Das Glück und die Zufriedenheit sind kein Ziel, das wir erreichen müssen, sondern eine Einstellung, die wir wählen. Indem du dankbar für das bist, was du hast, und dich auf die positiven Aspekte deines Lebens konzentrierst, wirst du immer glücklich und zufrieden sein.«

Nina war dankbar für Pauls Weisheit und kehrte mit einem erweiterten Verständnis für Glück und Zufriedenheit in ihr Dorf zurück. Sie erzählte ihren Freunden und ihrer Familie von ihrem Treffen mit Paul und verbreitete seine Weisheit in ihrer Gemeinschaft.

Von diesem Tag an lebte Nina ein noch glücklicheres und erfüllteres Leben, indem sie ihre Einstellung gegenüber dem Leben veränderte und sich nun auf die positiven Aspekte ihres Lebens konzentrierte. Sie erkannte, dass Glück und Zufriedenheit in ihrem Inneren lagen und sie es jederzeit erreichen konnte, wenn sie es wollte.

Glückliche und zufriedene Menschen schlafen genug und ernähren sich gesund. Sie sorgen für eine sinnvolle Balance zwischen Ruhepausen und anregenden Erlebnissen. Sie gehen in die Natur und bewegen sich ausreichend. Wenn etwas im Handumdrehen glücklich macht, dann wohl ein Spaziergang an der frischen Luft. Vor die Tür gehen und tief einatmen entspannt sofort. Licht und Luft schütten Glückshormone wie Serotonin oder Dopamin in unserem Körper aus, sodass wir uns sofort besser fühlen.

Strahlt die Sonne, werden wir vom Glückshormon Serotonin geflutet. Serotonin hat einen wichtigen Helfer, nämlich Vitamin D, das den Spiegel des Botenstoffs zusätzlich steigen lässt. Sonnenlicht stärkt unser Immunsystem und hilft, uns vor Infektionen zu schützen. Im Sommer fühlen wir uns besser, denn der Körper bildet vermehrt Vitamin D. Sonne hält das Gehirn auf Trab. Menschen, die regelmäßig sonnen, denken schneller und präziser. Wisst Ihr, warum ich den Sommer so sehr liebe? Weil ich dann die köstlichen Obstsorten frisch aus dem Garten pflücken kann. Weil selbst Regen mir nicht die Laune vermiesen kann. Weil ich nach Herzenslust in kühle Seen, ins Meer, in Freibäder springen kann. Weil das schöne warme Wetter einfach gute Laune macht.

Glück ist erlernbar. Wenn wir unser Leben aktiv gestalten, einen höheren Sinn in unserem Dasein finden und unsere Stärke nutzen, können wir unser Wohlbefinden auf Dauer steigern. Wissenschaftlern zufolge Leben glückliche Menschen länger und leiden seltener an psychischen Krankheiten.

Glückliche Menschen lachen schöner! Wenn du deiner Seele etwas Gutes tun möchtest, treibe Fitness-Training oder gehe joggen, schwimmen oder zu deinem Lieblingssport mit deinen Freunden.

Kapitel 3: Warum ist Familie so wichtig?

Welche Voraussetzungen braucht es, damit eine Familie glücklich ist? Für Glück im Sinne von langfristigem Wohlbefinden braucht es gar nicht so viel: Wir nehmen uns die Zeit, um Beziehungen zu pflegen, wir teilen schöne Momente, engagieren uns für wertvolle Ziele. Wichtig ist vor allem das Gefühl, dass das, was wir tun, sinnvoll ist.

Das höchste Glück ist die Liebe der Familie. Die Familie ist ein Rückzugsort, an dem wir uns wohlfühlen, uns geborgen und geliebt fühlen, egal, was passiert. Wir werden unsere Probleme los und werden getröstet. Auf die Familie können wir immer zählen, sie gibt gute Ratschläge und Hilfestellung, wenn wir allein nicht mehr weiterkommen. Familie bietet Unterstützung, Sicherheit und ein Gefühl der Zugehörigkeit. Eine starke Verbindung zu den Eltern ist ein wichtiger Aspekt einer glücklichen Kindheit. Kinder, die eine enge Beziehung zu ihren Eltern haben, sind in der Regel glücklicher und selbstbewusster.

Es gibt verschiedene Werte, die in einer Familie nicht fehlen sollten, und zwar Respekt, Fairness, Mitgefühl,

Dankbarkeit, Verantwortungsbewusstsein, Friedfertigkeit und das Streben nach persönlicher Reife. Die Entwicklung dieser Werte braucht seine Zeit. Die Eltern sollen ihren Kinder Vorbild sein und ihnen diese Werte mit auf den Weg geben. Die Familie stärkt und entwickelt die individuellen Fähigkeiten für Liebe, Begabung, Geselligkeit, Versöhnlichkeit und vieles mehr. Sie ist auch ein zentraler Ort, an dem wir Spaß und Erholung finden.

Eine funktionierende Familie hat eine höhere Qualität als die Summe aller einzelnen Familienmitglieder. Die Familie ist die älteste aller Gemeinschaften und die einzige natürliche. Liebe beginnt damit, sich um seine Nächsten zu kümmern: die Menschen zuhause.

Darum liebe ich die Kinder, weil sie die Welt und sich selbst noch im schönen Zauberspiel ihrer Fantasie sehen. Ohne Kinder wäre die Welt eine Wüste!

Familie ist bunt, wunderschön verrückt und kann manchmal auch richtig stressig sein. Sie ist wie ein Baum: Die Äste können in unterschiedliche Richtungen wachsen, doch die Wurzeln halten zusammen.

Das Erste, das der Mensch im Leben vorfindet, das Letzte, wonach er die Hand ausstreckt, das Kostbarste, was er im Leben besitzt, ist die Familie.

Wir haben vielleicht nicht alles, was wir wollen. Aber zusammen sind wir alles, was wir brauchen. Wenn die Familie beisammen ist, ist die Seele an ihrem Platz.

Kapitel 3: Warum ist Familie so wichtig?

Zehn gute Gründe, sich für Familie stark zu machen:

1. Kinder bringen Leben ins Leben, Familien sind die Stützen unserer Gesellschaft.

2. Familien sind unser stärkstes Netzwerk.

3. Familie ist der Bildungsort Nummer eins.

4. Familie gibt Liebe und Geborgenheit – auch wenn der Familienfrieden manchmal schief hängt.

5. In Familie wächst Gemeinsinn und Solidarität zwischen Jung und Alt.

6. Liebe Arbeitgeber: Eltern sind großartige Fach- und Führungskräfte.

7. Kinder ermuntern uns, nachhaltig zu denken.

8. In der Familie wächst unsere Zukunft heran: Die Entscheidung für Kinder ist die Basis für soziale Sicherung.

9. Von Kindernahrung bis Freizeitpark: Familien kurbeln auch die Wirtschaft an.

10. Kinder sind das Wichtigste im Leben ihrer Eltern und bereichern unsere Gesellschaft. Eltern sind Erziehungsvorbilder!

Weniger als ein Viertel der jungen Menschen, die befragt wurden, würde seine Kinder ganz anders erziehen, als sie selbst von ihren Eltern erzogen wurden. Die Forscher schließen daraus, dass die meisten Jugendlichen mit der elterlichen Erziehung ziemlich zufrieden sind. Familie ist wichtig!

Gute Freunde, eine vertrauensvolle Partnerschaft und ein gutes Familienleben sind mit Abstand die wichtigsten Wertorientierungen der jungen Generation. Der Kinderwunsch bleibt stabil! Gut zwei Drittel aller 12- bis 25-Jährigen, die selbst noch kein Kind haben, möchten später einmal Kinder haben. Acht Prozent geben an, keine Kinder haben zu wollen, und jeder Fünfte ist sich noch nicht sicher.

Auch die klassische Rollenverteilung ist offenbar ideal! Die Forscher haben die Jugendlichen gefragt, wie die ideale Rollenverteilung für sie aussähe, wenn sie 30 Jahre alt wären und ein zweijähriges Kind hätten, wie viele Stunden sie selbst in dieser Situation am liebsten arbeiten würden und wie viel die Partnerin bzw. der Partner arbeiten sollte.

Junge Frauen und Männer zeigten zum großen Teil Einigkeit: Die Frau sollte kürzer treten. Laut einer Studie ist der Vater traditioneller Ernährer der Familie. Dies ist also offenbar keine rein männliche Vorstellung.

Allerdings wünschen sich junge Frauen auch häufiger eine eigene Erwerbsbeteiligung. 29 Prozent würden mit einem zweijährigen Kind gerne 30 Stunden oder mehr arbeiten, nur 23 Prozent der jungen Männer wünschen sich das von ihrer Partnerin.

Viele Menschen neigen dazu, ihre familiäre Herkunft für Glück und Unglück verantwortlich zu machen. Aber wie viel Macht hat die Familie tatsächlich über unser Leben?

Die Familie hat sehr viel Macht. Denn in ihr wachsen wir auf, sammeln die ersten Erfahrungen, erwerben grundlegende Fähigkeiten. Und niemand kann sich dem Einfluss seiner Herkunft entziehen. Wir alle leben in dem Bewusstsein, dass wir eine leibliche Mutter, einen biologischen Vater haben. Insofern sind wir alle »Familienmensch«, ob wir es wollen oder nicht.

Aber: Die Familie ist nicht allmächtig. Um zu erkennen, wo die Grenzen ihrer Macht liegen, müssen wir zunächst klären, was wir meinen, wenn wir von »Familie« sprechen. Was ist die allgemeingültige Definition?

In Umfragen geben fast 100 Prozent der Menschen an: Eine Familie ist ein Paar mit mindestens einem Kind. Das ist die Kernfamilie, auch nach wissenschaftlicher Definition. Aber welche Personen für den Einzelnen über diesen engen Kreis hinaus im weiteren Sinne noch zur

Familie gehören wie beispielsweise Großeltern, ist individuell höchst unterschiedlich und hängt davon ab, zu welchen Menschen wir eine intensive Verbundenheit spüren. In der Regel schwindet dieses Gefühl, je mehr der Verwandtschaftsgrad abnimmt.

Zudem ist die Familie kein starres Gebilde, sondern durchläuft eine Entwicklung, neue Konstellationen ergeben sich.

Zu Beginn des Lebens bedeutet Familie Herkunft, also das eigene Elternhaus, vielleicht auch Geschwister, Großeltern, Urgroßeltern, Onkel oder Tanten. Später lernt man einen Partner kennen und bekommt möglicherweise selbst ein Kind. Nun bildet diese neue Gemeinschaft eine Familie. So verschiebt sich der Mittelpunkt dessen, was wir als Familie empfinden, von Generation zu Generation.

Wie stärkt die Familie die Selbstwirksamkeit von Kindern? Die kann vor allem wachsen, wenn es in einer Familie besonders viel Anregung gibt. Stellt euch einen Vater mit seinem vierjährigen Sohn vor, der puzzelt. Das Kind fängt an zu spielen, merkt aber, dass es ihm nicht gelingt, die Teile richtig zusammenzusetzen. Frustration kommt auf. Der Junge findet das Spiel blöd und will aufhören. Was kann ein Vater nun tun? Der eine gibt vielleicht nach und sagt: »Na gut, dann mach etwas anderes.« Ein zweiter löst das Puzzle einfach selbst, während der Junge zuschaut, ein dritter zwingt ihn gegen seinen Willen weiterzumachen, appelliert an sein Durchhaltevermögen. Alle diese Reaktionen sind wenig hilfreich, um die Selbstwirksamkeit zu stärken.

Was wäre denn nun der richtige Weg?

Ein Vater, der sein Kind zur Eigenständigkeit anregt, tut zum Beispiel Folgendes: Er zeigt auf ein Teil und sagt: »Schau mal, hier hast du schon eine Ecke. Was passt denn jetzt dazu?« Das kann die Neugier des Jungen wecken. Er sucht das passende Teil, dann das nächste und so weiter. Der Vater motiviert und gibt – wenn nötig – kleine Hinweise. Aber der Junge macht alles weitgehend selbst. Und zum Schluss hat er das Gefühl, dass er das Puzzle tatsächlich alleine gelöst hat.

Kurz gesagt: Der Junge begreift, dass er etwas erreichen kann, wenn er sich anstrengt und dranbleibt. Das ist das Beste, was die Familie uns mit dieser Art der Interaktion mitgeben kann.

Kapitel 4:
Wer lacht, lebt länger

Habt Ihr heute schon gelacht wie die Kinder? Haltet euch nicht zurück, denn kichern und grinsen macht glücklich, und Lachen ist gesund.

Petra, Paul und Opa sind unterwegs zu Großtante Luise. Die wohnt hinter dem großen Wald auf dem Land, in dem Haus, in dem auch Opa als Kind gelebt hat.

Immer, wenn Opa sich traurig fühlt, fährt er in seine alte Heimat. Und Großtante Luise, die eine sehr fröhliche Frau ist, gelingt es immer schnell, Opa wieder zum Lachen zu bringen und traurige Gefühle und quälende Probleme zu verjagen.

»Was nutzt es, traurig zu sein und den Tag mit Grübeleien zu verbringen?«, sagt sie. »Ändert es irgendetwas? Nein. Man wird noch trauriger, und das Problem, mit dem man sich herumschlägt, wird größer und größer, bis man glaubt, daran zu ersticken. Wer will das schon?«

Klar, die Großtante will das nicht. Sie will keine Probleme und keinen Kummer haben und keine Traurigkeit. Und wenn Probleme, Kummer oder Traurigkeit doch einmal kommen und bei ihr anklopfen, lässt die Großtante die Haustür einfach fest verschlossen. »Ich kann euch hier nicht brauchen«, ruft sie durch die geschlossene Tür.

»Nur nette und fröhliche Gäste fühlen sich in meinem Haus wohl. Euch traurigen Tränen würde es bei mir nicht gefallen. Also seid so nett und geht weiter! Sucht euch ein anderes Haus, wo man euch vielleicht Einlass gewährt, aber ich sage euch eins: Nur wer euch liebt, wird sich ehrlichen Herzens über euren Besuch freuen. Überall sonst seid Ihr nur geduldet, und mal ehrlich: Wer möchte ein geduldeter Gast sein?«

Ja, so spricht die Großtante mit unguten Gefühlen und Problemen, die sich in ihr Herz schleichen wollen. Und die haben dann keine Lust mehr, sie zu besuchen. Und Großtante Luise hat keine Lust, solchen Gästen auch nur eine Minute ihrer kostbaren Lebenszeit zu schenken.

Wenn es aber doch einem von Ihnen gelingt, sich in ihr Haus zu stehlen und auf ihre Seele zu legen, fängt sie an zu singen.

»Schütt die Sorgen in ein Gläschen Wein«, singt sie dann, oder: »Guten Morgen, liebe Sorgen, seid Ihr auch schon alle da?«

Großtante Luise singt gerne. Sie singt laut, und sie singt falsch. Weil sie aber so laut und so falsch singt, können diese Trauergefühle und Sorgen nicht lange ernst bleiben und für dumpfe Traurigkeit sorgen. Nein, das können sie nicht. Sobald die Großtante ihre Stimme erhebt und losträllert, springen sie vor Schreck auf und hüpfen ganz schnell herunter von der Großtantenseele. Manche verziehen sogar schmerzverzerrt ihre Trauermienen. Das hat die Großtante schon oft genau gesehen, behauptet sie.

Und dann nehmen sie die Beine in die Hand und laufen, so schnell sie nur laufen können, davon. Manche weinen laut dabei, manche lachen. Am lautesten aber lacht Großtante Luise.

Man kann ihr Lachen und auch ihr Singen bis in die Häuser der Nachbarn hören, und dann wissen alle Bescheid: Es geht ihr gut, der Großtante!

Niemand von uns hat gelernt, wie man lächelt. Aber es gibt Leute, die natürlicher lächeln als andere. Probiere einmal vor dem Spiegel aus, wie du am besten lächeln kannst. Lächeln macht einfach schöner!

Lachen ist ein Ausdruck von Freude. Dementsprechend positiv wird es empfunden, wenn ein Mensch herzhaft lachen kann, denn er wirkt automatisch wärmer, freundlicher – und sogar attraktiver.

Ja. Lachen macht schön. Deshalb solltest du dich jeden Tag daran erinnern, mehrmals zu lachen – für deine gute Laune und auch für deine Schönheit. Ein Lachen oder Lächeln gilt als besonders attraktiv, wenn es vom anderen Geschlecht wahrgenommen wird. Ein gezieltes Lachen, das einem Mann oder einer Frau gilt, löst in dieser Person ein positives Gefühl aus und sorgt dafür, dass sie sich zu dir hingezogen fühlt.

Hierbei spielen auch Offenheit und ein starkes Selbstbewusstsein eine wichtige Rolle.

Lachen macht schön, und schöne Menschen werden automatisch als glücklich eingestuft. Tatsächlich gibt es konkrete Beispiele: Menschen, die oft von Sorgen geplagt sind, neigen dazu, ihre Stirn in Falten zu legen. Wenn sie hingegen glücklich sind und viel lachen, ist ihre Stirn geglättet und wirkt jünger. Gleiches gilt auch für traurige beziehungsweise glückliche Augen.

Lachen hebt die Stimmung: Ganz allgemein gilt, dass sich lachen positiv auf die Stimmung und damit auf die Psyche des Menschen auswirkt. Dementsprechend wirkt es Stress, Depressionen und anderen psychischen Beschwerden entgegen.

Lachen steigert das Erinnerungsvermögen: Eine japanische Studie hat gezeigt, dass sich Probanden an Bilder, die sie zum Lachen brachten, besser erinnern können.

Lachen senkt Schmerzen: Forscher haben herausgefunden, dass sich herzhaftes Lachen auch auf das Schmerzempfinden auswirkt. Wenn wir aus Erheiterung lachen, kann das dazu führen, dass wir Schmerzen weniger intensiv wahrnehmen.

Lachen verbessert das Hautbild: Wenn wir viel lachen, wird der Stress vermindert, und die Haut kann von diesem positiven Effekt profitieren. Sie ist nicht nur frei von Unreinheiten, sondern weniger anfällig für Falten.

Selbst grundloses Lachen macht schön: Interessanterweise ist es dem Gehirn vollkommen gleichgültig, ob wir wegen einer humorvollen Situation oder gekünstelt lachen. Sobald die Mimik zu einem Grinsen oder Lachen verzogen wird, erreicht das Gehirn das Signal das Glücklichseins. Infolgedessen werden Endorphine ausgeschüttet, die sich positiv auf Gesundheit und Aussehen auswirken.

Es ist also legitim, wenn wir zwischendurch auch völlig grundlos lachen, um unserem Teint neue Frische zu verleihen.

Lachen macht nicht nur schön, sondern auch gesund. Es lohnt sich also durchaus, mehrmals täglich herzhaft zu lachen – ganz gleich, ob es dafür einen Grund gibt oder nicht.

Beim Lachen betreibt der Körper Hochleistungssport. Vom Gesicht bis zum Bauch sind beim Lachen fast 300 verschiedene Muskeln beteiligt. Allein der Lachmuskel spannt fünfzehn Gesichtsmuskeln an. Dazu gehören auch die Gesichtsmuskeln des Tränensacks. Bei einem richtigen Lachanfall pressen die Bauchmuskeln die Luft mit einer Geschwindigkeit von 100 Stundenkilometern hinaus. Die Atmung geht um ein Vielfaches schneller, und die Lunge nimmt rund drei bis vier Mal so viel Sauerstoff auf wie gewöhnlich. Die schnellere Atmung regt dabei den Blutfluss an. Das macht das Lachen so gesund.

Lachen stärkt die Abwehrkräfte. Mediziner haben festgestellt, dass durch das Lachen auch mehr T-zellen aktiviert werden. So wird das Immunsystem gestärkt – allerdings nur, wenn wir echt und herzhaft lachen. Studien belegen, dass Lachtherapien in Gruppen sich positiv auf die körperliche und seelische Gesundheit auswirken. Nach einem herzzerreißenden Lachen kommt der Körper wieder zur Ruhe. Nach der großen Muskelanspannung und der inneren Massage durch das vibrierende Zwerchfell sind die Muskeln nun gut durchblutet. Aber die Entspannung wirkt sich nicht nur auf den Körper aus, denn so ein Lachanfall baut auch Stresshormone ab.

Über einen Witz zu lachen, ist schon äußerst komplex. Der erzählte Witz gelangt zunächst über das Ohr ins Hörzentrum, von da geht er weiter in das Zentrum für Sprachverständnis, wo er analysiert wird. Jetzt wird er von der linken in die rechte Hirnhälfte geschleust. Dabei wird abgeglichen, ob sich Emotionen und Inhalte entsprechen. Stimmen Emotionen und Inhalte nicht überein, findet das Gehirn den Witz witzig und stimuliert den Körper zum Lachen. Für die vollbrachte Schwerstarbeit belohnt sich das Hirn schließlich selbst mit der Ausschüttung von Glückshormonen.

Warum lachen ansteckend ist? Allein das Geräusch lachender Menschen bringt das Gehirn dazu, die Gesichtsmuskeln automatisch aufs Mitlachen vorzubereiten. Deshalb ist lachen ansteckend – selbst dann, wenn wir den Grund für die gute Laune eines anderen Menschen nicht kennen. Lieber lachen wir mit. Untersuchungen zeigen, dass fremdes Jubeln oder Lachen wesentlich stärkere Hirnaktivitäten auslösen als negative Emotionsäußerungen wie Ekel oder Angst.

**Lachen ist die beste Medizin.
Wer lacht, lebt länger und gesünder.**

Kapitel 5: Warum ist Gottesliebe wichtig?

Es gab einmal einen Mann der sagte: »Ich habe alles im Leben gehabt, was man sich nur wünschen kann, und habe im Leben auch alles ausprobiert, aber ich hasste das Leben.«

Viele fragten sich, warum jemand, der alles in seinem Leben erreicht hatte, sein Leben hassen konnte. Warum könnte er nicht glücklich sein?

Die Frage ist aber nicht, wie lange wir leben oder was wir alles im Leben erreicht haben, sondern wie gut wir leben. Was nutzt es einem, der alles im Leben hat, aber nicht glücklich lebt?

Der Mann war bestrebt, nur seine Ziele zu erreichen. Das machte ihn müde und einsam, und er empfand keine Freude und kein Glück.

Die menschliche Natur führt uns oft ins Unglück. Wenn wir unserer Natur folgen, tun wir oft nur das, was wir gerade wollen, und verursachen Unglück. Aber wenn wir Gott folgen, können wir ein Leben voller Freude und Frieden führen.

Warum jagen wir ständig irgendwelchen Wünschen hinterher? Ich wünschte, ich wäre schlanker. Ich wünschte, ich hätte ein Haus. Ich wünschte, ich hätte einen besseren Job. Ich wünschte und wünschte und wünschte …

Wünschen bedeutet: Ich möchte gerne etwas, oder ich hätte gerne etwas gehabt, das ich aber nie bekommen werde! Das ist doch paradox, oder? Du wünschst dir etwas, das nie passieren wird. Was ich sagen möchte: Wünsche dir nur Dinge, für die du auch etwas tun kannst. Entferne Begriffe wie Hass und Neid aus deinem Wortschatz. Sage oder denke niemals etwas Negatives über dich selbst, wie zum Beispiel: Nie mache ich etwas richtig. Ich werde mich niemals ändern. Ich bin hässlich. Ich sehe schrecklich aus. Oder: Ich bin dumm. All das zieht dich mental nur nach unten.

Wenn du am Leben verzweifelst, wenn deine Kräfte schwinden, wenn du merkst, dass du keine Power mehr hast, warum betest du nicht? Mir hat es immer geholfen, einfach mit Gott zu reden. Er will, dass du mit ihm redest.

Ich wollte in meinem Garten einen Zaun ziehen und hatte einen Freund gefragt, ob er mir dabei helfen könnte. Wir hatten einen festen Termin vereinbart und gehofft, dass an diesem Tag die Sonne scheinen würde, denn sonst wäre der Zaunbau ins Wasser gefallen – buchstäblich. Ich verfolgte den Wetterbericht und war danach sehr besorgt, denn laut Wettervorhersage sollte es die ganze Woche regnen.

Kapitel 5: Warum ist Gottesliebe wichtig?

Der vereinbarte Termin rückte näher und immer noch war kein Sonnenschein in Sicht. Ich war so verzweifelt, dass ich anfing zu beten. Ich betete zum lieben Gott, er möge mir bitte Sonne schicken. Und ob Ihr mir glaubt oder nicht, ich stand am Freitag um 7:00 Uhr auf, und die Sonne lachte. Ich bekomme jetzt beim Schreiben noch Gänsehaut. Ihr könnt euch nicht vorstellen, wie glücklich und dankbar ich war. Mein Freund kam zu mir und sagte: »Das ist doch unmöglich. Laut Wetterbericht sollte es doch regnen.« Ich lachte ihn an und sagte, dass der liebe Gott uns das Wetter geschenkt hatte. Ich war so voller Freude und Glück. In diesem Augenblick war ich dem lieben Gott so nah wie noch nie zuvor.

Dieses Erlebnis werde ich niemals vergessen. Du kannst beten um Erleichterung, um Vergebung und um Verzeihung. Eine Andacht ist wie eine Meditation, aber vor allem ist sie deine persönliche Zeit mit Gott. Du bekommst neue Hilfe für dein Leben und findest in der Gemeinschaft mit Gott zur Ruhe. Hast du Probleme in deinem Leben und kommst alleine nicht weiter, dann bitte den lieben Gott um Hilfe, dann wird dir geholfen. Wenn Gott FÜR uns ist, ist es ziemlich unwichtig, wer GEGEN uns ist. Gott ist viel stärker als alle, die gegen uns sind.

Lass dich nicht von Angst beherrschen. Verstehe, dass die Angst vom Teufel kommt, nicht von Gott. Denn das ist die Lieblingswaffe des Teufels. Der Teufel versucht, uns Angst zu machen und uns so daran zu hindern, dass wir Forstschritte machen und nach vorne schauen. Angst will uns zum Stillstand bringen, uns sogar zurücktreiben, damit wir unser Potential nicht erreichen, das der liebe Gott uns gegeben hat. Gott hat uns von Angst befreit, was aber nicht heißt, dass sie ganz verschwunden ist. Du wirst dein Leben lang mit Angst zu tun haben, aber wichtig ist, dass du der Angst und den Sorgen nicht die Tür öffnest und dich den ganzen Tag mit ihnen beschäftigst. Frei von negativen Gedanken zu sein, bedeutet wachsam zu sein. Wenn du merkst, dass teuflische Gedanken dich beschäftigen, versuche, diese Gedanken abzulenken. Laufe nicht davon, wenn du Angst hat, sondern versuche, sie zu besiegen. Erlaube dem Teufel nicht, dass er dir dein gutes Leben wegnimmt.

Denn du hast ein schönes, angstfreies Leben verdient. Wenn andere ein gutes Leben haben dürfen, darfst du das Leben genauso genießen, denn der liebe Gott behandelt alle Menschen gleich. Manche denken, weil sie nicht gut sind, hat Gott keine Achtung vor ihnen und keine Anerkennung. Aber es geht nicht darum, ob du ein guter oder ein schlechter Mensch bist, es geht darum, dass Gott gut und einzigartig ist. Er wird dir verzeihen, wenn du einen Fehler begangen hast. Bleibe einfach nur Mensch und vergiss nicht dich selbst und den Glauben an ihn. Aber glaube nicht nur an ihn, sondern vertraue ihm auch. Gott liebt dich bedingungslos. Begreife, dass Gott nicht käuflich ist. Also glaube nicht,

Gott wird dich mehr lieben, wenn du dich verbesserst. Oder umgekehrt wird er dich weniger lieben. Es geht darum, ob du seine Liebe annehmen willst. Verhalte dich gut und glaube an seine Liebe.

Kennst du das? Irgendetwas passiert, und du denkst: Puhh, da habe ich aber Glück gehabt. Du könntest auch sagen, du hattest einen Schutzengel, und der liebe Gott hat dich beschützt. Erkenne, wie sehr er dich liebt. Er liebt dich nicht nur, weil du immer lieb und artig bist, sondern weil er die Liebe ist und du diese Liebe in dir trägst. Du trägst ihn ständig bei dir, und er beschützt dich immer. Er sieht dich, wo immer du auch bist. Er sieht das Ziel, wo immer das auch sein mag. Wenn du dich von deiner Angst befreien willst, lass deine Liebe zu Gott wachsen, arbeite jeden Tag daran, glaube an ihn, und die Liebe zu ihm wird stärker werden.

Viele Menschen haben Angst, alleine zu sein, ihren Partner oder ihren Job zu verlieren, krank zu werden oder ihre Ziele nicht zu erreichen. All das verliert seine Bedeutung, wenn du Gott liebst und ihm vertraust.

Wenn Gott nicht will, fällt nicht einmal ein Blatt vom Baum.

Schau in den Spiegel und sage jeden Tag: Gott liebt mich, Gott liebt mich. Wiederhole diesen Satz täglich. Je öfter du ihn dir im Spiegel sagst, umso intensiver glaubst du daran. Wenn eine Mutter ihren kleinen Sohn auf die Wange küsst und sagt: »Mama liebt dich, du kleiner Stinker.« Genauso ist der liebe Gott zu dir. Er liebt und küsst dich jeden Tag.

Wer keine Liebe kennt, kennt keinen Gott. Lasst es mich so ausdrücken:

Wenn du ständig in Angst lebst, bedeutet dies, du hast dem Teufel die Tür geöffnet und Gott vergessen. Dann geschieht bekanntlich auch das, wovor du Angst hattest. Umgekehrt bedeutet es: Du darfst dem Teufel nicht die Tür öffnen, denn dann geschieht dir auch nichts Böses. Wenn du in Bedrängnis bist, rufe laut nach Gott und erbitte Befreiung von deinen Bedrängnissen. Er möchte, dass du ihn rufst, denn er kann dir nicht helfen, wenn du es nicht zulässt.

Wer auf Gott baut, blüht wie ein Baum.

Unsere Gedanken bestimmen, wie wir uns entwickeln. Orientiere dich nicht an den Bedeutungslosigkeiten dieser Welt, sondern konzentriere dich auf neue Aufgaben, die niemandem schaden. Wenn du dich verändern willst, dann verändere deine Gedanken und mache aus dir einen neuen Menschen, der sorgenfrei und finanziell frei lebt.

Eines Nachts kroch eine Schlange in eine Tischlerei auf der Suche nach Nahrung. Während die Schlange nach etwas Essbarem suchte, verklemmte sie sich an einer Säge. Sie würde wütend und wollte sich befreien. Dabei versuchte sie, mit ihren Zähnen die Säge abzubeißen und verletzte sich dabei am Mund und am Hals. Sie blutete stark, klebte fest an der Säge und starb.

Im wahren Leben ist es genauso. Wenn wir wütend sind, treffen wir Entscheidungen, die wir später bereuen werden. Stell dir vor, du hast ein volles Glas Wasser in der Hand, und etwas Sand gerät in dein Glas. Du kannst nun zwar versuchen, den Sand mit einem Löffel aus dem Glas heraus zu bekommen, das wird dir aber nicht gelingen. Egal, was du versuchst, du wirst keinen Erfolg haben. Es gibt nur eine einzige Möglichkeit: Du stellst das volle Glas unter einen Wasserhahn und drehst den Hahn auf. So spülst du den Sand heraus und hast wieder klares Wasser. Also finde den richtigen Wasserhahn. Befreie deine Gedanken von dem vielen Schmutz, damit du wieder klar und sauber denken kannst.

Der Vorteil beim älter werden liegt darin, dass wir neue Erfahrungen sammeln. Wir lernen ständig dazu. Jede Erfahrung, die du machst, macht dich klüger. Folge nur dem richtigen Weg, dann wirst du mit Gott an deiner Seite große Erfolge erzielen. Viele Menschen mischen sich bei anderen ein, um deren Probleme zu lösen, dabei haben sie selbst ihr eigenes Leben nicht im Griff.

Kapitel 5: Warum ist Gottesliebe wichtig?

Ein Bauer hatte eine Kuh, und eines Tages wurde diese Kuh krank. Der Bauer rief einen Tierarzt, der die Kuh untersuchte und feststellte, dass die Kuh innerhalb von drei Tagen wieder auf die Beine kommen musste. Sollte sie das nicht schaffen, sei die Kuh nicht mehr zu retten und müsse geschlachtet werden.

Ein Schaf bekam das zu Ohren, rannte zu der Kuh und sagte: »Du musst unbedingt auf die Beine, sonst sieht es für dich sehr schlecht aus.«

Der zweite Tag ging zu Ende, und die Kuh lag immer noch schwach im Stall und könnte sich nicht aufraffen.

Der dritte Tag begann, und wieder rannte das Schaf zu der Kuh und schrie sie an: »Verdammt, reiß dich zusammen und beweg dich!«

Mit Mühe und Not rappelte die Kuh sich auf die Beine. Der Bauer sah das, rief erfreut den Tierarzt an und sagte, dass die Kuh wieder gesund auf ihren Beinen stand. Aus purer Freude lud er seine Freunde und den Arzt zum Abendessen ein und schlachtete dafür das Schaf.

Sei ein besserer Zuhörer, bleib ruhig und entspannt. Ärgere dich nicht über Kleinigkeiten, versuche, eine Lösung zu finden und nimm Dinge an, die du nicht ändern kannst. Entscheide dich dafür, die beste Version von dir selbst zu sein.

Kapitel 6:
Wie hilft uns Beharrlichkeit weiter?

Häufig verhalten wir uns bei großen Tragödien sehr tapfer, dann wieder lassen wir uns von Kleinigkeiten oder irgendeinem Ärgernis herunterziehen, die nicht schlimmer sind als ein Halsweh. In den meisten Fällen müssen wir aber nur unseren Blickwinkel verändern, und der Ärger über Kleinigkeiten verschwindet.

Das Leben ist zu kurz für Nebensächlichkeiten.

Mit den Jahren entdeckte ich, dass 99 Prozent alle Dinge, über die ich mir Sorgen machte oder vor denen ich Angst hatte, nie passierten.

Es ist offensichtlich, dass nicht die Umstände alleine uns glücklich oder unglücklich machen. Es ist unsere Reaktion darauf, die unsere Gefühle bestimmt. Tue nie etwas, was du nicht tun möchtest, aus Höflichkeit oder um jemandem einen Gefallen zu tun, denn das macht dich nicht glücklich.

Lernen ist ein aktiver Prozess. Wir lernen, indem wir etwas tun. Unsere Aufgabe ist nicht zu sehen, was in der Ferne liegt, sondern nur das zu tun, was am nächsten liegt. Jeder Mensch kann seine Last tragen, seine Arbeit tun, wie schwer sie auch sein mag, einen Tag lang, bis die Sonne untergeht. Das ist alles, was im Leben wirklich zählt.

**Ein kluger Mensch fängt jeden Tag
ein neues Leben an.**

Das Leben will gelebt werden in jedem Augenblick des Tages und in jeder Stunde. Das Heute ist unser kostbarster Besitz, das Einzige, das wir sicher besitzen.

Gewöhne dir an, dein Leben in Tageseinheiten zu planen, lebe heute und jetzt. Sorge dich nicht um den nächsten Morgen, denn der Morgen wird für das seine sorgen. Wenn wir uns auf das Schlimmste gefasst machen, haben wir nichts mehr zu verlieren, und das bedeutet, dass wir alles zu gewinnen haben.

Wenn du eine gründlich überlegte Entscheidung getroffen hast – handele danach. Setze dich voller Eifer daran, deinen Plan zu verwirklichen und grübele nicht über das Ergebnis nach. Dabei achte auf die Fakten, denn niemand ist so klug, dass er eine intelligente Entscheidung treffen könnte, ohne vorher die Fakten zu kennen. Ohne Fakten brauchen wir nicht einmal zu versuchen, unsere Probleme auf intelligente Art und Weise zu lösen.

Tue das, was dich am meisten interessiert und begeistert. Mach es dir zum Beruf, dann wirst du sicher erfolgreich. Jeder Mensch hat irgendein besonderes Talent. Finde deines heraus, dann ist Erfolg nicht weit entfernt.

Viele Menschen suchen nach einem glücklichen Leben ohne Angst. Dabei ist eines sicher: Die Menschen tragen bereits alle notwendigen Eigenschaften in sich, können sie nur leider nicht fühlen und erkennen, weil ihr Verstand so viel Lärm macht und sie deshalb das Glück nicht erkennen. Sie suchen im Außen nach Vergnügen, Erfüllung, Wertschätzung, Sicherheit und Liebe, dabei tragen sie einen Schatz in sich, der all dies schon beinhaltet. Der Verstand ist ein hervorragendes Instrument, wenn er richtig benutzt wird. Aber viele Menschen benutzen ihn nicht oder besser gesagt, der Verstand benutzt sie. Deshalb bist du nicht dein Verstand, denn er kann dich manipulieren, und es entstehen Fehler!
Befreie dich von deinem negativem Verstand und denke mit dem Herzen, denn nur mit dem Herzen kannst du lieben. Wahre Liebe bringt kein Leid mit sich.

Man sieht nur mit dem Herzen gut. Das Wesentliche ist für die Augen unsichtbar, sagte schon Antoine de Saint Exupéry.

Wenn du dich beklagst, machst du dich selbst zum Opfer. Lass die Situation hinter dir oder akzeptiere sie, alles an-

Kapitel 6: Wie hilft uns Beharrlichkeit weiter?

dere ist Wahnsinn. Also plane die Zukunft, aber konzentriere dich nicht auf die Zukunft, sondern auf den Weg dorthin. Lasst mich eine wahre Geschichte erzählen, die ungewöhnlichste Geschichte, die ich je gehört habe.

Ein Ehepaar bekam ein Sohn, der ohne Ohren zur Welt kam. Der Arzt sagte, dass der Junge für immer taubstumm bleiben werde. Der Vater weigerte sich aber, das Urteil dieses Arztes zu akzeptieren, denn er war der Vater und war überzeugt, dass es eine Lösung geben müsste und dass der Junge normal hören konnte. Er wollte dieses Urteil nicht wahrhaben und gab nie auf.

Als der Sohn älter wurde, schien es dem Ehepaar, dass der Junge, wenn auch schwach, doch etwas zu hören schien. Sie erkannten an gelegentlichen Reaktionen, dass er bestimmte Töne sehr leise wahrnahm. Der Vater war felsenfest davon überzeugt, dass sich ein noch so schwaches Hörvermögen weiter entwickeln lassen musste. Also kauften sie einen Plattenspieler, und als ihr Sohn zum ersten Mal Musik hörte, geriet er vor Entzücken außer sich und spielte fast täglich zwei Stunden lang immer wieder dieselbe Platte ab. Kurze Zeit danach stellte der Vater fest, dass sein Sohn ihn recht gut verstand, und versuchte, ihm weiterhin Vertrauen zu schenken. Er las ihm jede Nacht Geschichten vor, um ihm das Gefühl zu geben, dass seine Missbildung keine Behinderung war, denn grundsätzlich soll jedes Unglück ebenso Glück in sich bergen.

Nach einiger Zeit war der Junge überzeugt, dass seine Missbildung auch Kapital einbringen konnte. Zumindest brachte ihm seine Missbildung jetzt schon viel Aufmerksamkeit und

Freundlichkeit. Eines Tages fragte er einen Freund, ob er ihm 40 Cent ausleihen könnte. Er bekam das Geld und kaufte Zeitungen von einem Verlag, um sie weiterzuverkaufen. Die Menschen bewunderten seinen Mut, er bekam viel Aufmerksamkeit und viel Trinkgeld. Nachdem er mit der Vertriebsstelle abgerechnet hatte, blieb ihm ein stolzer Reinerlös von 5,20 €. Der Vater fand ihn als mutigen, ehrgeizigen Unternehmer. Er hatte ein Geschäft auf eigene Faust erfolgreich abgewickelt.

Der Junge ohne Ohren besuchte später die Hochschule. Ein Hersteller elektrischer Hörgeräte schickte ihm ein neu entwickeltes Modell zu mit der Bitte, es auszuprobieren. Wie durch ein Wunder konnte er zum ersten Mal in seinem Leben richtig hören. Aus Freude und Dankbarkeit schrieb er begeistert an den Hersteller des Hörgerätes, und die Firma lud ihn zu sich in den Betrieb ein.

Er erzählte seine Geschichte und stieg kurz darauf in die Firma ein. Heute ist er Leiter der Firma und sehr stolz, dass er Millionen Menschen dieses neue Modell vorstellen und ihnen helfen kann.

Ausdauer und Willenskraft sind Eigenschaften, mit deren Hilfe wir unsere Ziele mit Sicherheit erreichen können. Mangelnde Ausdauer ist eine der häufigsten Ursachen des Misserfolges. Nur ein starkes Verlangen liefert einen wirksamen und dauerhaften Ansporn zu einer herausragenden Leistung. Wer genug Willenskraft und Selbstvertrauen besitzt, um nach jedem Sturz wieder aufzustehen und weiterzugehen, der erreicht am

Ende sein Ziel. Wer durchhält, wird für seine Ausdauer fürstlich belohnt, denn es gibt keinen Plan, der er nicht realisieren, kein Ziel, das er nicht erreichen könnte. Beharrlichkeit ist eine Geisteshaltung, die wir alle erlernen oder uns antrainieren können. Vier einfache Dinge ermöglichen und fördern die Beharrlichkeit:

1. Ein klares Ziel und das feste Verlangen, dieses Ziel tatsächlich zu erreichen.

2. Ein gründlich ausgearbeiteter Plan, der sorgfältig auf deinen besonderen Fähigkeiten, Möglichkeiten und Zielvorstellungen zugeschnitten ist, sodass er dich gleichsam mitzieht.

3. Der feste Wille, sich allen negativen Einflüssen, auch von Verwandten oder Bekannten, konsequent zu verschließen.

4. Eine enge, freundschaftliche Beziehung zu einer Person oder einer Gruppe, die dir tatkräftige Unterstützung und moralischen Rückhalt bietet.

Wir müssen uns vor Augen halten, dass es auf der ganzen Welt nur einen einzigen Weg gibt, einen Menschen dazu zu bringen, etwas Bestimmtes zu tun: Er muss es selbst wollen. Eine andere Möglichkeit gibt es nicht. Natürlich können wir jemandem den Revolver auf die

Brust setzen und ihn zu etwas zwingen. Wir können ein Kind mit Schlägen oder Strafen zu Gehorsam zwingen, aber diese unsanften Methoden haben meist auch unerfreuliche Auswirkungen.

Ich bin stolzer Opa und habe zwei wunderbare Enkelkinder. Der Enkelsohn ist mir besonders ans Herz gewachsen. Wir beide sind uns sehr nah. Dennoch gab es einmal einen miserablen Tag, an dem wir beide nicht besonders gut drauf waren. Ich arbeitete damals, mein Enkel war bei mir und meckerte und nörgelte ständig herum. Was ich auch versuchte, um ihn zu beruhigen und zufrieden zu stellen – ich hatte keinen Erfolg. Er warf sich auf den Boden und war völlig außer sich, weil er seinen Willen nicht durchsetzen konnte. Er beschimpfte mich und sagte, ich soll die Klappe halten. Daraufhin reagierte ich etwas überraschend und gab ihm einen Klaps auf den Po. Er fing an zu weinen und zog sich zurück. Da packte mich das schlechte Gewissen. Ich hatte nicht bedacht, dass er erst fünf Jahre alt war und doch nur seine Wünsche äußern wollte. Natürlich gefiel mir nicht, dass er nicht lieb und artig war, aber an ihm war so vieles schön, gut und echt. Sein kleines Herz war so groß wie der erwachende Tag über den Hügeln.

Etwas später kam er zu mir und sagte: »Opa, du darfst mich nicht hauen, niemals, nie wieder!« Ich schämte mich, umarmte ihn und versprach ihm, ein besserer Opa zu sein.

Kapitel 6: Wie hilft uns Beharrlichkeit weiter?

Streit und Krieg sind keine Lösung. Der Weg zur Vernunft führt über das Herz. Es mag sein, dass zwei Menschen verschiedener Meinung sind, aber eine Lösung und Einigkeit findet sich nur im Gespräch.

Ein Bauern-Ehepaar versuchte, ein Kalb in den Stall zu bringen. Sie machten aber beide den Fehler, dass sie nur an das dachten, was sie selbst wollten. Der Mann zerrte vorne an dem Tier, die Frau schob es von hinten an. Das Kalb wollte aber etwas anderes, und deshalb machte es die Beine steif und weigerte sich hartnäckig, die Weide zu verlassen.

Das Nachbar-Mädchen beobachtete das Geschehen und ging zu dem Kalb. Sie wusste sehr genau, was das Kalb gerne hätte, steckte ihm die Finger ins Maul und ließ es daran lutschen, während sie es sanft in den Stall führte.

Es gibt viele Verkaufs-Vertreter, die schlecht verdienen. Warum? Weil sie ständig an das denken, was sie selbst möchten, und nicht merken, dass weder sie selbst noch ich etwas kaufen wollen. Sonst würden wir nämlich einfach hingehen und es kaufen. Wir sind ständig an unseren eigenen Problemen interessiert. Ein Kunde will das Gefühl haben, dass er etwas kauft, und nicht, dass ihm etwas verkauft wird! Wenn du jemanden für eine Sache gewinnen willst, muss du erst beweisen, dass du kein Feind, sondern ein Freund bist.

Freundlichkeit zahlt sich immer aus. Respekt voreinander zu haben, ist eine der wichtigsten Eigenschaften, die ein Mensch besitzen sollte. Eine weitere wichtige Kompetenz ist Geduld. Geduld bestimmt dein Leben von klein auf bis ins Erwachsenenalter, sowohl beruflich als auch in sozialen Beziehungen. Ich muss gestehen, dass ich in meinem Leben oft sehr ungeduldig war. Geduld war nicht meine Stärke, aber mit der Zeit habe ich begriffen: Um meine Ziele zu erreichen, brauche ich Zeit und Geduld.

Oft hilft autogenes Training. Es entspannt und beruhigt Geist und Körper. Wir können unsere Gedanken besser ordnen und die Ruhe besser genießen. Genauso hilfreich ist Yoga. Tägliche kleine Übungen können schon innere Ruhe auslösen und unser Glücksgefühl steigern.

Kapitel 7:
Was bedeutet Liebe?

Liebe wird häufig als eine auf den freien Willen gegründete Beziehung zweier Personen gesehen, die ihren Wert nicht im Besitz des adressierten Objekts findet, sondern sich im dialogischen Raum zwischen den Liebenden entfaltet.

Aber einmal weg von philosophischen Betrachtungen: Ob wir selbst aufrichtig geliebt werden, lässt sich laut Studien unter anderem an echtem Interesse, an Wertschätzung und Respekt festmachen. Wer liebt, gibt genug Raum, nimmt den anderen / die andere auf Augenhöhe ernst, ist interessiert an der Person und sucht mit ihr gemeinsam nach Lösungen und Kompromissen.

Liebe wird oft als das stärkste Gefühl überhaupt beschrieben und ist doch äußerst doppeldeutig. Manche Menschen katapultiert sie in Zustände des vollkommenen Glücks, andere treibt sie in die Depression. Sie verfügt über die Kraft, alle moralischen Hemmschwellen über Bord zu werfen.

Liebe beruht auf Vertrautheit. Es ist das Gefühl einer starken Verbundenheit zu jemandem, den wir anerkennen mit all seinen Eigentümlichkeiten und Schrullen. Liebe ist ein Gefühl der Zugehörigkeit zwischen zwei Menschen.

Ich habe sie schon öfter in den Flur der Uni gesehen. Ich habe versucht, mich während des Unterrichts in ihre Nähe zu setzen, nur um ihre Schönheit zu bewundern. Ihr Gesicht strahlte eine ganz besondere Ruhe und Gelassenheit aus. Ihr lockiges, dunkles Haar erzeugte bei mir einen fast hypnotischen Zustand. Ihre Erscheinung war einfach perfekt. Sie war das Mädchen, nach dem ich immer gesucht hatte. Gelegentlich tauschten wir Blicke und manchmal auch eine kurze Begrüßung aus. In diesen Momenten zitterte meine Stimme und ich wusste nicht recht, was ich sagen sollte. Ich verstand, dass ich mich in einer Phase des intensiven Verliebtseins befand. Was ich jedoch noch nicht wusste war, dass dieses Verliebtsein nur in meinem Kopf stattfand. Nicole war das Mädchen, auf das ich seit vielen Jahren gewartet hatte, und nun waren wir jeden Morgen an ein und demselben Ort. Wenn ich ihr begegnete, stieg mir ein köstliches Parfüm in die Nase, und ich fühlte mich wie benebelt. Und wenn wir uns trafen und sie zu mir »Hallo« sagte, zitterten meine Beine wie verrückt. Ich stellte mir vor, wie ich mit ihr durch die Straßen der Stadt lief, wie wir über die schönsten Gebäude, die verrücktesten Menschen und eben alles, was wir gesehen hatten, sprachen. Wir würden uns auf eine Bank setzen, miteinander reden und lachen. Dann würden wir irgendwo essen gehen und würden eine tolle Zeit miteinander verbringen. Bis wir uns eines Tages umarmen und küssen würden. Jedes Mal, wenn ich sie an der Uni sah, gingen mir genau diese Gedanken durch den Kopf.

Eines Tages, als ich mit einer Freundin in der Mensa beim Essen saß, setzte sie sich zu uns. Wie war das möglich? Es stellte sich heraus, dass die beiden sich bereits seit einiger Zeit kannten. Ich würde nervös. Das Mädchen meines Lebens saß direkt vor mir, sie war wunderschön. Meine Verliebtheit wuchs immer mehr, und ich hatte große Angst, sie zu enttäuschen.

Ab diesem Tag saßen wir öfter zusammen an einem Tisch. Wir sprachen über viele Dinge und lachten viel. Wir bestellten immer nur ein Menü für uns beide. Sie trank Cola und ich Wasser. Sie bevorzugte Salat, ich mochte lieber Pasta. Und zum Nachtisch nahm ich meistens Obst und sie einen Pudding. Ich sah ihr tief in die Augen und stellte mir vor, wie sie an einem paradiesischen Strand in der Sonne lag oder in kristallklarem Wasser schwamm.

Wir sahen uns immer öfter. Nicole schien den Kontakt zu mir zu suchen. Ich war nun bereits seit mehr als eineinhalb Jahren in sie verliebt. Eines Tages beschlossen wir, nicht zur Uni, sondern in ein Café zu gehen und uns zu unterhalten. Wir hatten etwas unterschiedliche Hobbys, doch das spielte keine Rolle. Wir ergänzten uns wunderbar. Ich sah Dinge in ihr, die mir bewusst machten, dass es eine besondere Verbindung zwischen uns gab.

Eines Nachmittags im Winter saß Nicole wieder einmal neben mir in der Mensa.

»Ich muss dir etwas sagen«, sagte sie zu mir. In diesem Moment begann ich zu zittern. Der Moment war gekommen.

»Klar, nur raus damit«, antwortete ich.

Sehr zögerlich sagte sie: »Nun, ich bin verliebt. Ich habe es dir nicht früher erzählt, weil ich nur ungern über solche Dinge spreche. Aber nun weiß ich einfach nicht, was ich tun soll. Ich habe angefangen zu zweifeln.«

»Und was ist dabei das Problem? Wird deine Liebe nicht erwidert?«, fragte ich und wünschte mir, die lang ersehnte Antwort zu hören.

»Doch«, antwortete sie.

»Also?«, fragte ich ungeduldig.

»Der Junge ist nicht von hier, Er lebt in einer anderen Stadt. Wir sehen uns sehr selten. Und diese Fernbeziehungen sind sehr schwer, weißt du.«

Ich konnte einfach nicht mehr weiter zuhören. Ich fiel in ein großes, dunkles Loch, und das Licht erlosch. Ich starrte sie an und fühlte eine so große Wut wie schon lange nicht mehr. Warum war ich nicht dieser Junge? Sie hatte mir doch Zeichen gesendet! Was war nur passiert? Es konnte einfach nicht sein, sie musste doch mich mögen und nicht irgendjemand anderen. Ich liebte sie schon so lange, ohne ihr etwas davon sagen zu können, und jetzt, wo ich sie endlich an meiner Seite hatte, verliebte sie sich in einen anderen.

Echos hallten in den Tiefen meines Kopfes wider über all die Theorien, die ich darüber gehört hatte, dass Verliebtsein nur in unserem Kopf stattfindet. Ich wollte ihr nichtweiter zuhören, nie wiedersehen. Mein Glück war zerbrochen, ich war unendlich verloren und enttäuscht. Ich hatte in der Illusion gelebt, unsere zukünftige Beziehung würde mich glücklich machen, doch diese Option gab es nun nicht mehr. Ich liebte sie, doch sie liebte einen anderen. Nichts machte mehr Sinn. Ich glaubte sogar, sie hätte sich nur über mich lustig gemacht und mir deshalb diese falschen Signale gesendet.

Ein paar Monate später traf ich auf der Busfahrt nach Hause einen älteren Mann, der zufällig neben mir saß. Die Fahrt dauerte eineinhalb Stunden, also hatten wir genug Zeit, um zu reden. Wir sprachen ein bisschen über alles Mögliche, bis ich ihm die Geschichte meines gebrochenen Herzens erzählte.

Der Mann lächelte zu meiner Überraschung freundlich und sagte lächelnd: »Das Problem ist, dass du nicht in sie verliebt warst.«

»Wie bitte?«, fragte ich ihn ungläubig. »Ich war mehr als ein Jahr in sie verliebt. Wie sollte ich bitte nicht in sie verliebt gewesen sein?«

»Du kannst niemanden lieben, den du nicht kennst, zumindest nicht im romantischen Sinne. Du warst verliebt, ja, doch nicht in sie, sondern in deine Erwartungen an sie«, sagte er. »Sich zu verlieben ist nicht gleich Liebe, mein junger Freund. Verwechsle das nicht. Die Verliebtheit findet nur in unserem Kopf statt.«

Wir saßen einige Minuten schweigend da. Was heißt, die Verliebtheit findet nur in unserem Kopfstatt?, fragte ich mich. Ich hatte nicht wirklich verstanden, was er versuchte, mir zu sagen. Während ich nicht wusste, wie ich reagieren sollte, betrachtete der ältere Mann lächelnd die vorbeiziehende Landschaft durch das Fenster. Dann wandte er sich mir wieder zu und fuhr fort:

»Schau, dieses Mädchen muss mit ihrem Körper eine gewisse Erregung in dir ausgelöst haben, und von da an hast du dir vorgestellt, wie glücklich das Leben an ihrer Seite sein könnte. Mehr war das nicht, nur die Aufregung und deine Erwartungen, aber in Wirklichkeit kanntest du dieses Mädchen überhaupt nicht. Das Einzige, was du über sie wusstest, waren ein paar Details, die Ihr an der Uni ausgetauscht habt, und nach und nach hast du begonnen, sie immer mehr zu idealisieren. Außerdem hast du, als du begonnen hast, dich immer stärker auf sie zu fokussieren, nur die Aspekte ausgewählt, die dir an ihr gefallen haben. Gleichzeitig hast du jedoch unterbewusst diejenigen Aspekte, die dir nicht an ihr gefallen haben, einfach außer Acht gelassen. Und das ist noch nicht alles. Du bist davon ausgegangen, dass sie dich glücklich machen soll, hast also dein Glück in ihre Hände gelegt. Und es tut mir leid, dir das sagen zu müssen, mein junger Freund, aber das ist keine Liebe, das ist Bindung. Darum wurdest du so sehr enttäuscht. Liebe ist real, Liebe ist authentisch. In der Liebe erwartest du von niemandem, dass er etwas für dich tut, denn du bist das, was die andere Person sucht, um glücklich zu sein. Du wolltest ihre Signale als Zeichen des Verliebtseins interpretieren, weil es das war, was du sehen wolltest. Du warst gleichzeitig Regisseur, Drehbuchautor und Schauspieler des Films, der sich in deinem Kopf abspielte. Der Punkt ist, dass du dir diese Geschichte selbst geglaubt und so die Realität verzerrt hast. Aber mach dir keine Sorgen. Das passiert uns allen. Wir neigen dazu, in diese Falle zu tappen. Wenn du echte Liebe für sie empfinden würdest, dass sie glücklich sei, ob nun mit dir oder mit einer anderen Person, würde es keine Rolle spielen. Also denke beim nächsten Mal darüber nach, ob du nur in deinen Gedanken und Erwartungen in jemanden verliebt bist oder ob du wirklich authentische Liebe empfindest. Eine der charakteristischsten Eigenschaften des Verliebtseins ist die Fokussierung auf das Bewusstsein des geliebten Menschen, so weit, bis sie die richtige Anwendung der Vernunft und die notwendige mentale Konzentration bei der Ausführung verschiedener kognitiver Aufgaben einschränkt oder sogar verhindert.«

Er ließ mich diese langen Ausführungen verdauen und sagte dann: »Eine ziemlich lange Phrase, oder? Ich habe auch eine Weile gebraucht, um sie zu lernen und zu verstehen, doch sie hat mich so sehr beeindruckt, dass ich sie nie mehr vergessen werde. Und ich denke, nun wird sie auch dir helfen.«

Als die Reise zu Ende ging, verabschiedete ich mich von den älteren Herrn. Ich kam nach Hause, begrüßte meine Eltern, legte mich auf die Couch und dachte über all das nach, was mir dieser Mann erzählt hatte. Es waren Informationen, die auf den ersten Blick verrückt erscheinen mochten, doch nachdem ich sie mit einer gewissen Objektivität analysiert hatte, kam ich zu dem Schluss, dass er vollkommen Recht zu haben schien. In Wahrheit mochte ich Nicole nie wirklich, es war alles nur die Kreation meiner Fantasie. Ich erinnere mich noch an einen Satz, den dieser Mann zu mir gesagt hatte, bevor er sich verabschiedete:

»Wenn du jemanden wirklich liebst, wünschst du ihm das Beste, dass es ihm gut ergehe, dass er glücklich sei, und achtest nicht darauf, was diese Person für dich tun kann, sondern was du für sie tun kannst. Wenn du siehst, dass es ihr nicht gut geht, wirst du ihr helfen. Darin besteht die wahre Liebe: anderen dabei zu helfen, glücklich zu sein. Und wenn diese Person auch dir gegenüber diese echte Liebe empfindet, dann können beide die wunderbarste Liebesbeziehung aufbauen, die überhaupt jemand haben kann.«

So ergab plötzlich alles einen Sinn. Ich fing an, über die Liebe und das Verliebtsein zu lesen, und entdeckte einen interessanten Artikel, der bestätigte, dass attraktive Menschen Vorteile gegenüber weniger attraktiven haben in dem Sinne, dass man sie eher bemerkt und sich in sie verliebt. Wegen ihrer Attraktivität interpretieren wir oft Eigenschaften in diese Person hinein, die wir uns an ihr wünschen würden, und behandeln sie liebevoller. Die Worte dieses alten Mannes und alles, was ich las, überzeugten mich, dass das Verliebtsein tatsächlich nur in unserem Kopf stattfindet. Deshalb müssen wir vorsichtig sein, irgendwelche Erwartungen zu stellen.

Seit dieser Erfahrung schickt mir mein Verstand jedes Mal eine Warnung, wenn ich auf ein Mädchen treffe, das mir gefällt und zu dem ich eine emotionale Anziehung spüre. Er erinnert mich daran, dass die Verliebtheit nur in unserem Kopf stattfindet, und so denke ich immer darüber nach, was ich nun wirklich für dieses Mädchen empfinde.

Zu akzeptieren, dass Verliebtsein nur in unserem Kopf stattfindet, kann sehr schmerzhaft sein. Ja, es mag unwirklich erscheinen, doch wenn wir sie mit der Lupe der Vernunft analysieren, werden wir erkennen, wie sehr wir uns selbst betrügen, ohne uns dessen bewusst zu sein.

Wenn ein Mensch zu wenig Liebe bekommt und deshalb häufig gekränkt ist, so fällt es ihm schwer, enge Freundschaften zu schließen oder intime Bindungen aufzubauen. Liebe und Fürsorge stärken das Selbstbewusstsein. Fehlt diese lebenswichtige Erfahrung, kann das bereits im Kindesalter zu übertriebener Ängstlichkeit, zu Angststörungen und Panikattacken führen. Verliebt man sich in jemanden, während man mit jemand anderem zusammen ist oder ein Ehe führt, kann das ein Anzeichen dafür sein, dass man generell unzufrieden oder gelangweilt in der Beziehung ist und unbewusst begonnen hat, nach einer anderen Person Ausschau zu halten, die besser zu einem passt.

Wahre Liebe basiert auf der Verbindung zweier Menschen, die außergewöhnlich gut miteinander harmonieren. Dies zeigt sich beispielweise in körperlicher Hinsicht. Wahre Liebe macht sich aber vor allem auch auf emotionaler Ebene bemerkbar. Das Gefühl der Liebe ist eher ruhig, klar, angenehm, warm, freundlich und frei. Die wahre Liebe zeigt sich auch, wenn die anfängliche Verliebtheit langsam abklingt, denn dann stellt sich ein anderes, neues Gefühl der Zuneigung und Verbundenheit ein. Der körperliche Stresszustand lässt jetzt nach, wir fühlen uns in der Gegenwart des anderen entspannt und geborgen.

Einige sagen auch, Liebe fühlt sich wie ankommen an. Liebe vermittelt Geborgenheit und Vertrauen, reduziert Stress, Anstrengung und Aggression. Das sind die Vorzüge einer langfristigen Beziehung. Doch mit dem Wechsel von leidenschaftlichen Begegnungen zu vertrauter Zweisamkeit kommen viele Menschen oft nicht zurecht.

Die Liebe ist das Gewürz des Lebens, sie kann es versüßen, aber auch versalzen, heißt es.

Liebe entsteht aus dem flüchtigen Gefühl der Verliebtheit und entwickelt sich weiter. Sie bildet einerseits die Grundlage einer verbindlichen Beziehung, ist aber auch das Ziel einer Partnerschaft.

Um sich für eine langfristige Beziehung zu entscheiden, bedarf es das Willens dazu. Liebe kann sich auch ohne anfängliches Kribbeln im Bauch zu einer glücklichen Beziehung entwickeln. Häufig entsteht Liebe erst mit der Zeit, nach gemeinsamen Erlebnissen und man sich besser kennenlernt.

Vor einigen Tagen saß ich auf einer Parkbank und trank etwas Wasser, als ein älteres Ehepaar auftauchte und ihren Wagen unter einem Baum parkten. Sie ließen die Fenster herunter und drehten ein wenig Jazz-Musik auf. Dann stieg der Mann aus dem Auto, ging zur Beifahrerseite, öffnete seiner Frau die Tür, nahm ihre Hand, half ihr aus dem Auto, führte sie etwa zehn Meter von Auto weg, und sie tanzten etwa eine halbe Stunde lang unter einer Eiche

Wohin auch immer die Liebe fällt, wahre Liebe kennt keine Altersgrenze und keine Entfernung. Dabei sollten wir unterscheiden zwischen Liebe und Zuneigung. Gegenseitige Liebe gibt keinen Raum für Misstrauen, weil wir wissen, dass die geliebte Person nichts tun würde, um uns Schaden zuzufügen. Zuneigung lässt Raum für Misstrauen in der Beziehung, da sie keine solide Grundlage hat.

Es gibt auch die Familienliebe. Sie ist ähnlich wie eine freundschaftliche geistige Verbundenheit und bezieht sich oft auf die Liebe zwischen Eltern und ihren Kindern oder, weiter gefasst, die Liebe zwischen Familienmitgliedern.

Eine intensive Liebe erkennen wir an fünf Zeichen:

1. Das Glück des Menschen steht an erster Stelle.

2. Ihr möchtet miteinander Zeit verbringen.

3. Ihr führt eine offene Kommunikation.

4. Ihr respektiert euch gegenseitig.

5. Ihr fühlt füreinander.

Unechte Liebe zeigt sich folgendermaßen: Wenn du über jeden Schritt Rechenschaft ablegen musst, dich unfrei fühlst, dann steckst du wahrscheinlich in einer falschen Beziehung. Es wird oft gebrüllt, es hagelt Vorwürfe, obwohl du dir keiner Schuld bewusst bist.

Körperliche Symptome können darauf hinweisen, dass unser emotionales Umfeld uns nicht gut tut. Menschen, die in ungesunden Beziehungen leben, können etwa unter Schmerzen, Angstzuständen, Gedächtnis- und Sprachproblemen leiden. Auch ständige Streitigkeiten können ein Anzeichen dafür sein, dass eine Beziehung am Ende ist. Weitere Warnsignale sind mangelndes Vertrauen, fehlende Zukunftsaussichten oder Gefühle für eine andere Person.

Eine falsche Liebe erkennen wir an folgenden fünf Zeichen:

1. Die Chemie stimmt nicht.

2. Es gibt keine Komplimente.

3. Die Kommunikation hakt ständig.

4. Es gibt keine Zukunftspläne.

5. Du wirst ignoriert.

Wenn du ihn/sie sehen willst, musst du nach einem Treffen fragen oder wartest im Chat tagelang auf eine Antwort. Zeigt dein Partner allgemein wenig Interesse, kannst du davon ausgehen, dass die Liebe nicht beidseitig ist. Dann ist es sinnvoller, diese Person so schnell wie möglich zu vergessen und sie sich aus dem Kopf zu schlagen.

Eine unerfüllte Beziehung ist sehr schmerzhaft. Liebe muss beidseitig sein, und wenn unsere Liebe erwidert wird, macht es sehr viel Spaß. Egal, wann du ihn brauchst, er ist rund um die Uhr für dich da. Du kannst ihn immer erreichen, er nimmt sich immer Zeit für dich, er hat immer ein offenes Ohr für dich und ist immer verständnisvoll.

Die erste Liebe vergessen wir nie, obwohl sie mit schönen, aber auch kritischen Erinnerungen verbunden sein kann. Die Definition einer ersten Beziehung ist für viele Menschen sehr unterschiedlich. Manche denken an eine Schulhofliebe, andere an die ersten sexuellen Erfahrungen, andere wieder an die erste Partnerschaft, die mehrere Jahre gehalten hat.

Ich sage, nichts kann ohne Liebe geschehen. Je mehr du gibst, umso mehr bekommst du. Wer einen Liebesbrief schreibt, hält sich für glückselig, ohne dass es ihm auf die Tinte oder das Papier ankäme. Er sucht die Liebe weder im Papier noch in der Tinte. Wenn es dir gelingt, über dich selbst gut zu urteilen, dann bist du ein wirklich Weiser.

Kapitel 8:
Was hat Erfolg mit Selbstbewusstsein zu tun?

Erfolgreiche Menschen suchen Lösungen, keine Ausreden. Um eine richtige Lösung finden zu können, müssen wir unter anderem selbstbewusst sein. Selbstbewusst sein heißt, sich seiner selbst bewusst zu sein und zu wissen: Ich kann das. Ich bin liebenswert und weiß, wer ich bin. Selbstbewusstsein stützt sich also auf Selbstvertrauen, Selbstachtung und unser Selbstbild. Wo kein Selbstbewusstsein ist, da machen sich andere Emotionen wie Angst, Verzweiflung und Unsicherheit breit. Schon ein kleines Problem ist dann fatal, und wir fühlen uns überfordert.

Dein Selbstbewusstsein hilft dir, deine Selbstzweifel loszulassen. Du hast erkannt, dass du ein besonderer Mensch bist. Natürlich verläuft auch für erfolgreiche Menschen das Leben nicht immer glatt, aber sie haben eines gelernt: Lösungen zu finden ihr Selbstbewusstsein aufzubauen.

Natürlich wird niemand mit einem hohen Selbstbewusstsein geboren. Wir entwickeln es im Laufe unseres Leben.

Wenn wir selbst wenig Selbstbewusstsein haben, kann sich das negativ auf unser Kind auswirken. Wenn unser Kind mitbekommt, wie wir uns selbst und unser Äußeres ständig kritisieren, kann sich das auf dessen Selbstbewusstsein auswirken. Wir müssen uns der negativen Kommentare, die wir täglich über unseren eigenen Körper oder unsere Essgewohnheiten abgeben, bewusster werden. Nur so können wir mit gutem Beispiel vorangehen und unsere Kinder davor schützen, unsere Unsicherheiten zu übernehmen.

Wenn es um die eigene Schönheit geht, sind Frauen selbst ihre härtesten Kritiker. Laut einer Studie haben nur 34 Prozent der Frauen in Deutschland ein hohes Körperselbstbewusstsein. Frauen sind sehr viel selbstkritischer als Männer. Die Wahrscheinlichkeit, dass eine Frau ihr Spiegelbild mag, ist erschreckend gering. Wenn eine Frau einer anderen Frau nur drei bis fünf Minuten lang dabei zuhört, wie sie ihren Körper schlechtmacht, nimmt das bereits einen negativen Einfluss auf ihr eigenes Körperselbstbewusstsein.

Je liebevoller wir mit uns selbst umgehen, desto einfacher wird es auch für unsere Kinder, ein gesundes Körperselbstbewusstsein zu entwickeln. Wenn wir nicht zu den glücklichen 20 Prozent gehören, die zufrieden mit ihrem Aussehen sind, ist es an der Zeit, darüber nachzudenken, welche Auswirkungen unsere Selbstkritik auf unser Kind haben kann. Eine Umfrage hat gezeigt, dass selbstkritische Kommentare über den eigenen Körper von unseren Kindern aufgenommen werden und ihre Verhaltensmuster beeinflussen können.

Was können wir also tun, um zu vermeiden, dass unsere Kinder diese schlechte Angewohnheit übernehmen? Es ist nicht immer einfach, eine positive Einstellung zum eigenen Körper zu haben, wenn ein Kind dabei ist, vor allem, wenn du dich gerade gar nicht danach fühlst. Aber wenn du dich bemühst, dein Körperbewusstsein positiv nach außen zu tragen, hilfst du deinem Kind, positiv mit seinem Aussehen umzugehen.

Sobald du die negativen Kommentare hinter dir gelassen hast, wird es Zeit, positiv zu denken. Wenn du die Form deiner Hüften magst und dich nach dem Yoga wohl fühlst, sag es. Wenn du der Meinung bist, dass dir deine neue Frisur oder das schöne neue Kleid gut stehen, sag es. Vielleicht fühlst du dich zuerst noch etwas gehemmt, aber dein neues selbstsicheres Ich wird Wunder bei deinem Selbstbewusstsein bewirken und bei deinem Kind auch. Lächle dich selbst an, wenn du in den Spiel schaust. Suche dir täglich eine Sache an dir aus, die du besonders magst. Mach dir selbst und deinem Körper Komplimente und sprich sie laut aus. Je mehr positive Dinge du sagst, umso eher glaubst du sie auch. Schreibe positive Nachrichten darüber, wie du dich fühlst, oder darüber, was du an dir magst. Zum

Beispiel: »Hallo, du Hübsche«, oder: »Du bist perfekt, wie du bist«, sind wunderbare Erinnerungen für dich und dein Kind.

Mangelndes Selbstbewusstsein bei Männern ist ein absoluter Attraktivitätskiller für Frauen. Wenn er sich gegenüber Frauen unsicher fühlt und dich verstellt, um ihnen zu gefallen, hat er ein massives Problem mit seinem Selbstbewusstsein. Ein Problem, das er zwingend in den Griff bekommen sollte. Denn ein Mann mit niedrigem Selbstwertgefühl wird niemals wirklich Erfolg bei Frauen haben. Wenn du als Mann kein Selbstbewusstsein hast, bist du dir deiner selbst nicht bewusst, was dazu führt, dass du bedeutungslos und abwesend auf Frauen wirkst. Solltest du dich Frauen gegenüber unsicher fühlen, wirst du dich in diesem Verhalten mit Sicherheit wiedererkennen:

Du zeigst Frauen zu schnell zu viel Interesse.

Du sprichst Frauen nach dem Mund, um ihnen zu gefallen.

Du machst Frauen zur wichtigsten Sache in deinem Leben.

Zusammengefasst spielst du also eine unauthentische Rolle, die nichts mit deinem wahren Selbst zu tun hat, und das alles nur, weil du der Frau gefallen willst. Diese und ähnliche Verhaltensmuster sind absolut zerstörerisch für deinen Erfolg bei Frauen und bringen dir schließlich das genau Gegenteil von dem, was du dir mit Frauen wünschst.

Ob Frauen dich als attraktiven Mann wahrnehmen, hat immer etwas mit deinem inneren Zustand zu tun. Denn erst, wenn du dich in deinem Inneren (gut) fühlst, wirst du gute Dinge in deiner Umwelt anziehen. Dabei ist deine Ausstrahlung das Erste, was Frauen an dir wahrnehmen. Wenn du eine selbstsichere männliche Ausstrahlung hast, werden Frauen wie von selbst deine Nähe suchen. Ob du es glaubst oder nicht: Allein die Bereitschaft, an deinem Selbstbewusstsein zu arbeiten, wird sehr viele Probleme in deinem Leben fast automatisch lösen. Je größer dein Selbstbewusstsein ist, umso kleiner erscheinen dir deine Probleme.

Wir müssen lernen, mehr Verantwortung zu übernehmen, denn je mehr Verantwortung wir übernehmen, umso erfolgreicher sind wir. Wir entscheiden mit unseren Antworten, denn die Umstände befinden sich außerhalb von uns und verändern uns nicht. Auf die Umstände haben wir keinen Einfluss, aber die Antworten sind entscheidend und müssen geändert werden. Probleme sind neutral. Entscheidend ist, welche Bedeutung wir ihnen geben.

Wenn du erst Meister im Umgang mit Problemen geworden bist, kann dich nichts mehr aufhalten, und wenn dich nichts mehr aufhalten kann, hast du die freie Wahl zu tun, was immer du willst. Das ist Freiheit. Nur, wenn du größer bist als deine Probleme, bist du wirklich frei.

Die wichtigste Grundlage sind dabei unsere Glaubenssätze. Denken wir positiv über uns, ziehen wir die besten und die schönsten Dinge in unser Leben. Allerdings geht es auch in die andere Richtung, deshalb müssen wir uns selbst für liebenswert halten. Wir sollten im Spiegel die Liebe unseres Leben sehen.

Sich selbst zu mögen ist sehr wichtig, denn es wirkt sich auf unser Gehalt aus. Je mehr Selbstbewusstsein wir haben, umso mehr Ideen haben wir. Je mehr Ideen wir haben, umso besser können wir Probleme lösen, und je mehr Probleme wir lösen können, desto mehr verdienen wir. Dein Einkommen setzt sich aus folgenden Bausteinen zusammen: Qualität, Ausdauer, Selbstwert, Ideen und Umsetzung.

Wenn du dein Gehalt bekommst, versuche dich zu belohnen und spare 20 Prozent.

Reich ist nicht der, der viel Geld hat, reich ist der, der wenig Geld ausgibt.

Wenn du beispielsweise im Monat 2.000 € verdienst und 20 Prozent sparst, sind es 400 € monatlich, 4.800 € im Jahr und in zehn Jahren 48.000 € – das entspricht dem Eigenkapital für deine eigene Immobilie. Natürlich kannst du in der heutigen Zeit auch ohne Eigenkapital eine Immobilie erwerben, aber es ist ratsam, Eigenkapital einzubringen.

Allen Unternehmensgründern ist ein Motto gemeinsam: sparen und anlegen und nochmal sparen und wieder anlegen. Es gibt eine Safe + Smart Kombinationsinvestition, bei der du entscheidest, wie viel du im Monat sparen möchtest.

Du legst beispielsweise jeden Monat 250 € für vier Jahre fest bei 5 Prozent Zinsen und einem Startkapital von 2.500 € an. Nach vier Jahren erhältst du 14.857 €. Legst du das Geld für acht Jahre fest, erhältst du 29.038 € und bei zwölf Jahren sogar 45.186 €. Du kannst deinen Bankberater ansprechen und ein gutes Angebot einholen.

Bei einer Inflation verliert Geld an Wert, aber bei Sachwerten gibt es eine Wertsteigerung. Es bleibt dir also gar nichts anderes übrig, als auch in Sachwerte zu investieren.

Bei jedem Haushaltsplan müssen Einnahmen und die Ausgaben stimmen. Das ist ein zentraler Punkt für einen gesunden Wirtschaftsplan. Wenn du 2.000 € im Monat verdienst, darfst du keine 3.000 € ausgeben, das weiß wohl jedes Schulkind. Ich bin der Meinung, dass jeder, der im Monat 2.000 € verdient, zwischen 300 und 400 € sparen darf und kann, je nachdem, wie hoch die Ausgaben sind. Hier ein Beispiel: Eva verdient im Monat 2.000 €, Adam verdient ebenso 2.000 € im Monat, also beide zusammen 4.000 € Die Miete beträgt 500 €, an Nebenkosten bezahlen sie 300 € (Gas, Wasser Strom), für Telefon, Handy, Internet fallen 50 € an, für Lebensmittel 800 €. Das Auto samt Finanzierung und Reparatur und Tanken 650 €, Kleidung 600 €, Sonstiges (Ausgehen und Freizeit) 200 €, also insgesamt 3.100 €. Das heißt, jeder hat 450 € im Monat übrig. Reise- oder Urlaubskosten sind unter diesen Ausgaben nicht berücksichtigt, denn Urlaubsreisen werden von Gespartem finanziert. Noch ein Tipp: Nimm niemals für eine Urlaubsreise einen Kredit auf, denn ein Kredit kostet Zinsen, und das wird teuer. Dann lieber länger dafür sparen.

Ich habe diese Berechnung für meinen Standort zusammengefasst. In München, Hamburg oder Frankfurt sind die Mieten erheblich höher, dafür sind aber die Einnahmen entsprechend auch höher.

Solltest du Altschulden haben, versuche, sie mit einer niedrigeren Ratenzahlung zu begleichen. Solltest du zu wenig Geld verdienen, suche dir nach Möglichkeit einen besser bezahlten Job oder versuche, deine Kosten zu senken.

Wer andere besiegt, ist stark.
Wer sich selbst besiegt, ist weise.

Vergiss das nie, dir gehört ein Platz an der Sonne, mach das Beste daraus!

Kapitel 9:
Schlaf, Bewegung und die richtige Ernährung

Im Schlaf regeneriert sich unser Körper, neu Erlerntes festigt sich, Krankheiten werden abgewehrt. Schlaf kann Stress verarbeiten und ist die Grundlage für einen Tag voller Energie. Neben einer ausgewogenen Ernährung und Bewegung ist erholsamer Schlaf der Schlüssel zu einem körperlich und geistig gesunden Leben. Wir können uns also tatsächlich gesund schlafen, wenn wir krank sind.

In der Regel sollten wir täglich sieben Stunden schlafen. Tun wir das nicht, können wir den Verlust mit einem Nickerchen oder einem längeren Schlaf am Wochenende ausgleichen. Wie wichtig Schlaf ist, zeigt sich oft erst, wenn er fehlt. Anhaltender Schlafmangel beeinträchtigt neuronale Prozesse und begünstigt viele Erkrankungen wie Herz-Kreislauf-Probleme oder Depressionen und erhöht die Infektionsanfälligkeit. Während wir schlafen, laufen wichtige Wundheilungsprozesse ab, das Immunsystem stabilisiert sich, unsere Zellen regenerieren sich. Eindrücke und Erlebnisse des Tages werden sortiert, verworfen und abgespeichert.

Wer schlecht schläft, ist launisch, unkonzentriert und weniger belastbar. Konflikte und Fehler häufen sich, die Stimmung sinkt und der Tag zieht sich zäh wie Kaugummi in die Länge. Ohne Schlaf geht es uns nicht gut. Wenn du nach zehn bis zwölf Stunden Schlaf immer noch müde bist, fällt es zunehmend schwerer, im Beruf und im Alltag zu funktionieren.

Eine häufige Ursache für Dauermüdigkeit ist ein Mangel an wichtigen Vitaminen und Nährstoffen. Es kann sich auch um eine Begleiterscheinung beziehungsweise eine Folge von Infektionen oder anderen Erkrankungen handeln. Menschen, die trotz Erkältung und geschwächtem Immunsystem weiter Vollgas geben, erhöhen das Risiko, einen grippalen Infekt zu verschleppen. Ältere Menschen halten sich oft weniger Im Freien auf. Tageslicht ist aber entscheidend für einen geregelten Schlaf-Wach-Rhythmus. Auch zu wenig körperliche Bewegung oder geistige Beschäftigung können eine Ursache sein. Aktive Mobilität stärkt die Gesundheit und wirkt sich positiv auf die Lebensqualität aus. Regelmäßige Bewegung verringert das Risiko für Herzinfarkt und Schlaganfall und wirkt vorbeugend auf Krebsformen wie Darm- und Brustkrebs. Sportliche Aktivität beugt der Entstehung von Übergewicht vor. Zusätzlich steigert eine ausgewogene Ernährung die körperliche und geistige Gesundheit. Wer regelmäßig körperlich aktiv ist, kann damit das allgemeine Wohlbefinden und die körperliche, psychische und soziale Gesundheit steigern.

Studien zeigen: Wer 10.000 Schritte am Tag macht, bleibt gesund. Auch kürzere Spaziergänge sind sehr hilfreich. Schwimmen ist die beste sportliche Aktivität überhaupt. Vor allem der Auftrieb des Wassers stützt den Körper und mildert die Intensität der Aktivität auf die Gelenke. Die Bewegungen sind flüssiger und weniger abrupt. Gegen Bauchfett wirkt am besten eine Kombination aus Ausdauertraining wie Joggen, Radfahren oder Schwimmen und aus Krafttraining. Eine kräftige Muskulatur verbraucht Energie und arbeitet automatisch mit, überschüssiges Bauchfett zu reduzieren.

Untersuchungen belegen, dass schon 20 bis 30 Minuten in einer Umgebung, die einem ein Gefühl von Natur vermittelt, ausreichen, um effektiv den Cortisolspiegel im Körper zu senken. Cortisol, auch als Stresshormon bezeichnet, wird in der Nebennierenrinde hergestellt und in der Leber abgebaut. Ein morgendlicher Spaziergang steigert das Selbstwertgefühl, reduziert Stress und Ängste, bekämpft die Müdigkeit und kann sogar die Symptome von Depressionen verringen. Wer jeden Tag eine Runde durch den Park läuft, trainiert dabei nicht nur zahlreiche Muskeln, sondern hilft vor allem Senioren, Gleichgewicht und Koordination zu stärken. Der Spaziergang hilft dabei, dem Muskelabbau vorzubeugen. Der Körper wird stabilisiert und das Sturzrisiko minimiert. Wer sich regelmäßig bewegt, produziert mehr Glückshormone. Bewegung verbessert die

Immunabwehr, macht resistenter gegen Stress und stärkt das Selbstwertgefühl. Bewegung bringt das Herz-Kreislaufsystem in Schwung, fördert die psychische Gesundheit, stärkt das Immunsystem, hilft Fett zu verbrennen, Sie macht schlau und macht glücklich.

In unserer heutigen Zeit mit viel Hektik und Stress bleibt oft auch die gesunde Ernährung auf der Strecke. Wer sich gesund ernährt, erhält und verbessert sein Wohlbefinden, beugt zahlreichen Krankheiten vor und fühlt sich fit und vital. Obst und Gemüse enthalten Ballaststoffe und Vitamine und sollten ein täglicher Bestandteil des Speiseplanes sein. Abwechslungsreich zu essen ist eine wesentliche Säule gesunder Ernährung. Obst, Gemüse, Vollkorn- und Milchprodukte gehören zu den wichtigsten Bestandteilen einer vollwertigen Mischkost. Salz und Zucker sind bei einer gesunden Ernährung nicht verboten, sollten aber in Maßen genossen werden. Unseren Körper mit allen wichtigen Nährstoffen zu versorgen, dafür ist das richtige Verhältnis zwischen den verschiedenen Lebensmitteln entscheidend. Chili, Grapefruit, grüner Tee, Kaffee, Ingwer, Lammfleisch, Zwiebeln und Wasser sind wahre Fettkiller aus der Natur. Es lohnt sich, diese natürlichen Fettkiller in den Speiseplan zu integrieren. Das hält fit, schlank und gesund. Neben Erkrankungen des Herzkreislaufsystems wie Bluthochdruck, Gefäßkrankheiten, Herzinfarkt und Schlaganfall beugt eine gute Ernährung auch dem Diabetesrisiko vor. Sogar Alzheimer lässt sich durch eine ausgewogene, bewusste Kost frühzeitig entgegen wirken.

Einige Nahrungsmittel mit heilender Wirkung liegen mir besonders am Herzen:

Äpfel

Diese Früchte enthalten lebendiges Wasser, das die Leber selbst befeuchtet und befähigt, Wasser zu speichern. Die Fruchtsäure des Apfels unterstützt die Reinigung der Leber. Äpfel hungern Bakterien, Hefe, Schimmelpilze und Viren im Verdauungstakt und in der Leber aus. Sie sind ein sehr gutes Mittel zur Auflösung von Gallensteinen. Ein Apfel besteht zu rund 85 Prozent aus Wasser und ist mit etwa 50 bis 70 Kilokalorien ideal als kalorienarme Zwischenmahlzeit geeignet. Äpfel enthalten ebenso Folsäure und Vitamin C.

Ananas

Ananas enthält die wertvollen Mineralstoffe Kalium, Kalzium, Phosphor und Eisen und löst Gallensteine auf. Ananas hilft gegen Verstopfung, das Bromelain spaltet im Magen und Darm Eiweiß und unterstützt so die Verdauung. Sie hilft bei Durchfall und Darmbeschwerden und entlastet die Bauchspeicheldrüse. Ananas ist außerdem reich an Vitamin C, das zu einem starken Immunsystem beiträgt.

Bananen

Der Mineralstoff Kalium, der in Bananen steckt, ist essenziel für Herz und Blutdruck. Die Banane ist ein wahrer Alleskönner. Sie enthält viele wichtige Mineralien und Vitamine. Deshalb sollte sie in keinem Obstkorb fehlen. Der Verzehr einer Banane lindert Sodbrennen sofort. Die Verdauung wird reguliert, bei Durchfall hilft der hohe Anteil an Pektin, das Wasser im Körper zu binden.

Birne

Die Birne ist eine beruhigende, besänftigende, milde reinigende Frucht und für eine entzündete und überlastete oder verfettete Leber ein wahrer Segen. Die Frucht wirkt sich in der Regel positiv auf die Darmgesundheit aus, da sie wertvolle Ballaststoffe enthält. Die Birne enthält außerdem eine Kombination aus Mineralstoffen und Vitaminen. Ihr Gehalt an Kiesel- und Phosphorsäuren macht sie zu einem wahren natürlichen Leistungsförderer, der Nerven und Gedächtnis stärkt.

Cranberrys

Das Anthocyanin dieser Beeren ist facettenreich und erweist der Leber mehr als einen Dienst. Es hemmt nicht nur Oxidationsprozesse in den Zellen, sondern wirkt generell gegen den Zelltod durch Überfrachtung mit Giftstoffen. Es entfernt und isoliert außerdem eine ganze Reihe von Störenfrieden, auch solche, die innerhalb der Familie über Generationen vererbt werden können. Die scharfe Fruchtsäure dieser Beeren, die einem den Mund zusammenzieht, ätzt Pathogene von den Zellwänden, vor allem Bakterien. Ihr Vitamin C ist dem der Tomaten darin ähnlich, dass es das Immunsystem der Leber stärkt.

Datteln

Bei zu geringer Bildung von Salzsäure und Gallenflüssigkeit kann sich im Verdauungstrakt Schleim ansammeln, der den Übergang der Nährstoffe vom Darm ins Blut behindert. Datteln bauen diesen Schleim ab, vor allem, wenn er im Dickdarm unter dem Einfluss von Pathogenen wie Bakterien und Pilzen entsteht. Der enthaltene Zucker ernährt die Leber und stellt ihr Glukose bereit, die sie braucht, um sich zu erholen und zu regenerieren.

Karotten

Möhren liefern der Leber schnelle Glukose, die an Mineralstoffe und Vitamine gebunden ist. Beim Rohverzehr nehmen wir mehr antiseptisch wirkende Pflanzenstoffe auf, die das Wachstum unfreundlicher Keime hemmen.

Kartoffeln

Erdäpfel bringen viele speziell virenhemmende Aminosäuren mit. Sie enthalten auch reichlich Glukose, also genau das, was die Leber bei Kräften hält. Sie fördern außerdem die Speicherung von Glykogen, das uns vor Blutzuckerunregelmäßigkeiten, Gewichtszunahme und Blutverschmutzung schützt. Kartoffeln halten die Leber stabil und gut geerdet, was für uns eine solide Konstitution mit sich bringt.

Kirschen

Sie enthalten erhebliche Mengen Anthocyane, die sich an bestimmte, tief in der Leber gespeicherte petrochemische Störenfriede heften. Ihr roter Farbstoff wirkt wie ein Entfetter, der diese zähen, klebrigen Toxine löst, sodass sie nach und nach aus der Leber abwandern und in Richtung Gallenblase weiterziehen können. Die Anthocyane verhindern, dass die Gifte erneut resorbiert werden und wieder in die Leber gelangen, während die Farbstoffe des Fruchtfleisches für eine schnelle Beförderung in Dünn- und Dickdarm sorgen.

Kiwis

Ihre Fruchtsäure fördert die Auflösung von Gallensteinen mehr als jede andere. Sie erzeugt Vertiefungen in den Steinen, sodass sie schließlich auseinanderbrechen. Sie bringen auch diverse Nährstoffe mit, die der Leber sehr gelegen kommen.

Knoblauch

Die Leber muss sich gegen Angriffe pathogener Keime zur Wehr setzen und braucht deshalb Nahrungsmittel und Kräuter, die ihr bei der Ursachenbekämpfung helfen. Da darf der Knoblauch nicht fehlen, dessen arzneiliche Qualitäten zusammen mit seiner Schärfe der Albtraum aller schädlichen Keime sind. Die Inhaltsstoffe des Knoblauchs wirken wie eine Handvoll Sand, die man jemandem ins Gesicht und in die Augen wirft. Sie treffen die pathogenen Keime in der Leber hart, sodass sie sich zurückziehen müssen und einige sogar abgetötet werden. Wer empfindlich auf Knoblauch reagiert, ersetzt sie einfach durch Zwiebeln, deren Eigenschaften ähnlich sind. Aber wer Knoblauch mag, greift zu, wenn ihm danach ist.

Melonen

Sie sind die ideale Unterstützung bei der Leberreinigung, weil sie in der Lage sind, Blut so mit Wasser anzureichern, dass es besser fließt. Dies wirkt auf eine überlastete Leber sehr erleichternd. Der hohe Gehalt an lebendigem Wasser zusammen mit den Nährstoffen der Melone erleichtert dem Herzen seine Arbeit, weil das verschmutzte, giftige und mit Fetten überfrachtete Blut leichter zu pumpen ist, wenn es verdünnt wird. Dadurch muss sich die Leber auch nicht mehr so sehr um den Schutz des Herzens bemühen und kann sich um die chemischen Funktionen kümmern, die jeweils gerade gebraucht werden. Melonen versorgen die Leber darüber hinaus mit der Feuchtigkeit, die sie für Zeiten aufsparen kann, in denen sie aufgrund unserer Lebensweise an chronischem Flüssigkeitsmangel leidet. Sie spülen Giftstoffe mit Leichtigkeit aus dem Verdauungstrakt und bauen im Magen Salzsäurereserven auf. Und da zur Verdauung von Melonen keine Gallenflüssigkeit benötigt wird, kann die Leber in dieser Zeit ihre Gallenvorräte aufstocken.

Kapitel 10:
Lebenselixier Wasser!

Wasser, überall Wasser, und doch haben wir noch nicht genug getrunken. Wasser ist für uns so lebenswichtig, dass unser Körper nicht mehr funktionieren kann, wenn er nicht genügend davon erhält. Das äußert sich dann in vielfältigen Krankheiten.

Unser Körper besteht zu etwa 75 Prozent aus Wasser und zu 25 Prozent aus festen Stoffen. Das Gehirn soll zu 85 Prozent aus Wasser bestehen und reagiert äußerst empfindlich auf jede Art von Wassermangel oder die Erschöpfung seines Wassergehaltes.

Der Wassergehalt des Körpers wird als Lösungsmittel, die darin gelöste Materie als gelöste Stoffe bezeichnet. Wenn Menschen unter Stress stehen oder mit Situationen konfrontiert werden, die man als stressauslösend bezeichnen kann, zeigt sich dieser Stress physiologisch noch immer an der Wasserregulation. Ein komplexes System im Körper übernimmt die Verantwortung für die Rationierung von Wasserreserven und für das Management der zukünftig erwarteten begrenzten Wasservorräte. Dieser in vielen Systemen ablaufende Prozess dauert so lange, bis der Körper eindeutige Signale erhält, dass ihm wieder eine angemessene Menge Wasser zur Verfügung steht. Der Gedanke, Tee, Kaffee, Alkohol und industriell hergestellte Getränke könnten den Bedarf des Körpers an reinem, naturbelassenem Wasser ersetzen, ist grundlegend falsch, insbesondere wenn dieser im Alltag großem Stress ausgesetzt ist. Selbstverständlich bestehen diese Getränke zu einem großen Teil aus Wasser, die meisten von ihnen enthalten jedoch entwässernde Substanzen, zum Beispiel Koffein. Diese Substanzen entziehen dem Körper nicht nur das Wasser, in dem sie gelöst sind, sondern zapfen zusätzliche Wasserreserven an. Wenn wir also Kaffee, Tee oder ein Bier trinken, verliert unser Körper mehr Wasser, als im jeweiligen Getränk selbst enthalten ist. Wenn wir messen, wie viel Urin wir beispielweise nach dem Genuss einer Tasse Tee verlieren, werden wir feststellen, dass wir mehr Wasser lassen als wir Flüssigkeit aufgenommen haben. Auch nach der Aufnahme von heißen Getränken verliert der Körper Wasser, und zwar aufgrund der Schweißabsonderung durch die Poren der Haut, die zur Kühlung des von innen erwärmten Körpers dient. Fehlt dem Körper Wasser, verteilt er die Restmenge um.

Wie das Lämpchen im Auto, das rot aufleuchtet, wenn Benzin oder Öl knapp werden, weisen im Körper Alarmsignale darauf hin, dass es in bestimmten Gebieten zu Engpässen kommt. Das ihm zur Verfügung stehende Wasser wird rationiert und dort verbraucht, wo Bedarf herrscht. Die Menge des im Körper vorhandenen

Wassers entscheidet letztlich über die Produktionsmechanismen in den von Wassermangel betroffenen Körperregionen.

Durch eine angemessene Versorgung des Körpers mit Wasser lässt sich dem vorzeitigen Altern und dem frühen Funktionsverlust unserer verschiedenen Sinnessysteme am besten vorbeugen.

30 gute Gründe, täglich Wasser zu trinken:

1. Ohne Wasser gibt es kein Leben.

2. Wasser ist unsere Hauptenergiequalle, es ist der »Cashflow« des Körpers.

3. Wasser erzeugt in jeder Körperzelle elektrische und magnetische Energie, es liefert Kraft zum Leben.

4. Wasser ist das Bindemittel, das Zellenstrukturen zusammenhält.

5. Wasser verhütet Schäden an der DNA und sorgt für eine größere Wirksamkeit ihrer Reparaturmechanismen, das heißt, es wird weniger schadhafte DNA hergestellt.

6. Wasser steigert die Leistungsfähigkeit des Immunsystems im Knochenmark, dort, wo die Immun-

abwehr und all ihre Mechanismen gebildet werden. Es stärkt auch die Immunabwehr gegen Krebs.

7. Wasser ist das Hauptlösungsmittel für alle Nahrungsmittel, für Vitamine und Mineralien. Es dient dazu, die Nahrung in kleinere Bestandteile zu zerlegen und sie zu verstoffwechseln und zu assimilieren.

8. Mithilfe von Wasser kann der Körper mehr essenzielle Subtanzen aus der Nahrung aufnehmen.

9. Wasser dient dem Transport aller Stoffe im Körper.

10. Mithilfe von Wasser können die roten Blutkörperchen in der Lunge mehr Sauerstoffaufnehmen.

11. Wasser ist das beste Abführmittel und verhindert Verstopfung.

12. Wasser mindert das Risiko von Herzinfarkten und Schlaganfällen.

13. Wasser verhindert die Verstopfung von Arterien in Herz und Gehirn.

14. Wasser ist wesentlicher Bestandteil der Systeme zur Kühlung und Erwärmung des Körpers.

15. Wasser liefert die Kraft und die elektrische Energie für alle Gehirnfunktionen, insbesondere für das Denken.

16. Wasser wird für die Bildung aller Neurotransmitter (einschließlich Serotonin) gebraucht.

17. Wasser wird für die Bildung aller vom Gehirn produzierten Hormone (einschließlich Melatonin) gebraucht.

18. Wasser ist ein besserer Muntermacher als jedes andere Getränk auf der Welt und hat keinerlei Nebenwirkungen.

19. Mit Wasser lassen sich Stress, Angst und Depressionen reduzieren.

20. Mit Wasser stellt sich der normale Schlafrhythmus wieder ein.

21. Wasser reduziert Ermüdungserscheinungen und verleiht uns jugendliche Energie.

22. Wasser macht die Haut glatter und vermindert die Auswirkungen des Alters.

23. Wasser verleiht den Augen Glanz und Schimmer.

24. Wasser normalisiert die Blutbildungssysteme im Knochenmark und es hilft, Leukämie und Lymphome zu verhindern.

25. Wasser ist für die Leistungsfähigkeit des Immunsystems unerlässlich, es hilft, Infektionen zu bekämpfen und die Entstehung von Krebszellen dort zu unterbinden, wo sie sich bilden.

26. Wasser verdünnt das Blut und beugt der Bildung von Gerinnseln vor.

27. Wassertrinken sorgt dafür, dass wir Hunger und Durst voneinander unterscheiden können.

28. Wassertrinken ist die beste Möglichkeit, um abzunehmen. Trinken wir regelmäßig Wasser, nehmen wir ab, ohne uns an eine Diät halten zu müssen. Außerdem werden wir nicht zu viel essen, wenn wir eigentlich nur durstig sind.

29. Wassermangel führt zur Ablagerung von Giftstoffen im Gewebe, in den Gelenken, in den Nieren und der Leber, im Gehirn und in der Haut. Wasser löst diese Ablagerungen auf.

30. Wasser hilft, den mit dem Alterungsprozess verbundenen Gedächtnisschwund zu verhindern. Es reduziert das Risiko, an Alzheimer und an Multipler Sklerose zu erkranken.

Wie äußert sich Wassermangel im Allgemeinen?

Wir fühlen uns müde, erhitzt, reizbar, ängstlich, mutlos und depressiv, wir schlafen schlecht, haben einen schweren Kopf und ein unwiderstehliches Verlangen nach bestimmten Dingen.

Was geschieht in unserem Körper, wenn wir nicht genug Wasser trinken?

Es gibt sieben charakteristische Beschwerden bei Wassermangelzuständen und infolge Rationierungsmaßnahmen, die leicht zu beheben sind: Asthma, Allergien, Bluthochdruck, Verstopfung, Migräne, Sodbrennen und Diabetes.

Wieviel Wasser sollten wir am Tag trinken?

Laut Studien sollen Erwachsene im Durchschnitt 1,5 Liter Wasser täglich trinken.

Wie trinken wir richtig Wasser?

Wasser sollten wir möglichst vor den Mahlzeiten trinken, um den Verdauungstrakt auf die Nahrungsaufnahme vorzubereiten. Das gilt besonders für Menschen, die unter Gastritis, Sodbrennen, Magengeschwüren und Blähungen leiden. Wasser sollten wir immer dann trinken, wenn wir durstig sind. Wasser sollten wir morgens als Erstes trinken, um die während der Nacht entstandenen Wasserverluste auszugleichen. Wasser sollte vor sportlicher Betätigung getrunken werden, damit der Körper genügend Schweiß produzieren kann.

Die verborgenen Wunderwirkungen von Salz!

Salz ist nicht nur für die Regulierung des Wasserhaushaltes im Körper, sondern auch für viele andere Aufgaben zuständig:

Salz ist ein starkes Anti-Stress-Mittel für den Körper. Es entzieht den Zellen, insbesondere den Gehirnzellen, überschüssige Säure.

Salz ist wichtig, den Serotonin- und Melatoninspiegel im Gehirn konstant zu halten. Wenn Wasser und Salz ihre Aufgabe als natürliche Antioxidantien erfüllen und die toxischen Abfallstoffe aus dem Körper entfernen, müssen keine essenziellen Aminosäuren wie Tyrosin geopfert werden. Enthält der Körper genügend Wasser, steht das Tyrosin dem Gehirngewebe zur Bildung von Serotonin, Melatonin und Tryptamine zur Verfügung.

Salz ist notwendig zur Erhaltung des Muskeltonus und der Kraft. Inkontinenz kann eine Folge von zu geringer Salzzufuhr sein.

Salz ist wichtig für den Erhalt der Libido.

Salz wird zur Festigung der Knochenstruktur benötigt.

Salz ist wichtig zur Verhütung von Muskelkrämpfen.

Salz auf der Zunge kann anhaltenden trockenen Husten stoppen.

Salz trägt zur Verhütung von Krampfadern und Besenreisern an den Beinen bei.

Warnung! Sie sollten mit Salz nicht übertreiben. Das Verhältnis zwischen Salz- und Wasserbedarf des Körpers muss stimmen. Stellen Sie immer sicher, dass Sie genug Wasser trinken, um das überschüssige Salz aus dem Körper zu schwemmen. Wenn Sie an einem Tag, an dem Sie nicht viel gegessen haben, plötzlich zunehmen, haben Sie zu viel Salz aufgenommen. Verzichten Sie einen Tag lang auf Salz und trinken Sie viel Wasser, um Ihre Urinnmenge zu erhöhen. Sprechen Sie mit Ihrem Arzt darüber, wie sich bei Ihrer Ernährungsweise das richtige Verhältnis zwischen Wasser und Salz herstellen lässt.

Kapitel 11: Warum macht die Sonne uns glücklich?

Sonne macht glücklich! Die Sonne scheint uns auf die Haut, und die Schmetterlinge in unserem Bauch werden langsam wach. Wie so oft spielen auch hier die Hormone eine große Rolle. Im Prinzip ist es ganz einfach: Wenn unser Körper Sonnenlicht aufnimmt, produziert er mehr Glückshormon Serotonin und unsere Laune wird sofort besser. Sonne macht also tatsächlich glücklich. Außerdem hat Serotonin einen positiven Einfluss auf unser Sättigungsgefühl. Deshalb haben viele Menschen bei warmen Temperaturen mehr Lust auf ein erfrischendes Stück Wassermelone als auf einen deftigen Burger. Und noch ein anderes Hormon wird vom Sonnenlicht beeinflusst: das Schlafhormon Melatonin. Im Herbst und im Winter, wenn die Tage kürzer und dunkler sind, bildet unser Körper mehr davon, sodass wir uns müde und antriebslos fühlen. Durch Tageslicht wird Melatonin jedoch abgebaut und stattdessen die Vitamin-D-Aufnahme durch Sonne verstärkt. Wenn es wieder länger hell ist, sorgen also auch unsere Hormone dafür, dass wir uns aktiv und voller Energie fühlen – perfekte Voraussetzungen für eine lange Party am Strand oder mit Freunden im Garten.

Warum heißt Vitamin D auch »Sonnenvitamin«? Durch die Aufnahme von Sonnenlicht wird Vitamin D gebildet. Im nördlichen Teil Europas mangelt es den meisten Menschen an natürlicher Vitamin-D-Aufnahme durch Sonne, weshalb sie es in Tablettenform zu sich nehmen. Aber wenn doch einmal die Sonne scheint: Halte mindestens 15 Minuten lang Gesicht und unbedeckte Unterarme in die Sonne, um deinen Vorrat an Vitamin D aufzufüllen. Denke dabei trotzdem an Sonnenschutz! Ideal eignen sich die Mittagsstunden von März bis Oktober, wenn die Sonne am stärksten scheint.

Wir sind häufiger draußen und genießen es. Wir fahren mit dem Rad zur Arbeit, statt missmutig in der überfüllten U-Bahn zu sitzen, und tanken so schon morgens frische Luft und Sonnenschein. Das macht gute Laune und zeigt, wie direkt die Sonne ihre Wirkung auf den Menschen entfaltet! Die warmen Temperaturen sorgen wie von selbst dafür, dass wir mehr an der frischen Luft unterwegs sind. Wir treffen uns abends mit Freunden im Park oder joggen eine Extrarunde. Bei all diesen Aktivitäten tanken wir Sonnenstrahlen alias Vitamin D, das Sonnenvitamin.

Außerdem haben wir im Sommer mehr Lust, auch nach einem langen Arbeitstag noch etwas zu unternehmen. Studien haben bewiesen, dass wir glücklicher sind, wenn wir unsere soziale Ader ausleben, also macht Sonne glücklich und gesellig.

Im Sommer schlafen wir weniger als im Winter. Es ist noch unklar, woran das liegt, aber fakt ist: Abends ist es länger hell, sodass wir häufig auch noch nach dem Arbeitstag draußen unterwegs und aktiv sind. Gleichzeitig wird es morgens früher hell, und wir wachen durch warme Sonnenstrahlen auf dem Gesicht auf. Unser Rhythmus ist einfach ein anderer als in der dunklen Jahreszeit.

Je wärmer das Wetter, desto weniger Lust haben wir auf fettiges, schweres Essen. Wir ernähren uns automatisch frischer und leichter und haben dadurch mehr Energie. Melonen, Beeren aller Art, Birnen, Kirschen – so viele Früchte haben jetzt Saison und sind der perfekte leichte Snack auch für unterwegs. Verschiedene Salatsorten, Tomaten, Gurke, Zucchini und Paprika gibt es frisch vom Feld auf den Teller. Peppe deine Pasta doch einmal mit Aubergine und Tomaten auf oder kreiere einen bunten Salat mit vielen Gemüsesorten, Ziegenkäse und Feigen. Im Sommer gilt: je bunter, desto besser!

Im Frühling hellt sich die Stimmung auf, die Kleidung wird leichter und Frühlingsgefühle machen sich breit. Verantwortlich dafür ist die Sonne. Trifft das Licht des Zentralsterns auf die Haut, werden Glückshormone ausgeschüttet. Das kann ansteckend sein, allerdings nur bei der richtigen Dosierung. Mit länger werdenden Tagen und steigenden Temperaturen zieht es die Menschen ins Freie. Der Frühling scheint glücklich zu machen und allgemein die Laune zu heben.

Manchmal wird die aufgehellte Stimmung auch als Frühlingsgefühl mit sexuellem Verlangen wahrgenommen. Tatsächlich haben die Strahlen der Sonne vielfältige Auswirkungen auf den menschlichen Körper und die Psyche. Und fast immer blickt man dort überall in zufriedene, wenn nicht gar glückliche Gesichter. Das kommt nicht von ungefähr: Licht und Wärme setzen in unserem Körper eine ganze Reihe positiver Reaktionen in Gang. Die Sonne tut uns, zumindest in Maßen genossen, rundum gut. Ihr Licht und ihre Wärme wecken die Lebensgeister.

Wir fühlen uns fitter, sowohl geistig als auch körperlich, und sind in aller Regel fröhlicher gestimmt, als wenn der Himmel von grauen Wolken überzogen ist. Die vermehrte Ausschüttung von Endorphinen führt also dazu, dass wir uns glücklicher und fitter fühlen. Das wiederum hat zur Folge, dass wir körperlich aktiver sind. Selbst Tiere können regelrecht süchtig nach Sonnenlicht sein. Blockiert man bei ihnen die Wirkung einer längeren Sonneneinstrahlung mit Medikamenten, kann es zu Entzugserscheinungen wie Unruhe und Zittern kommen. Auch Vitamin D, das sogenannte Sonnenhormon, wird im Sommer vermehrt produziert. Man weiß inzwischen, dass Vitamin D nicht nur für gesunde Knochen wichtig ist, sondern auch eine ganze Reihe weiterer Wirkungen im Körper entfaltet. Unter anderem spielt es eine bedeutende Rolle bei der Arbeit

Kapitel 11: Warum macht die Sonne uns glücklich?

des Immunsystems und der Muskulatur. Ein Vitamin-D-Mangel, der besonders am Ende des Winters häufig ist, kann dazu führen, dass wir uns müde und abgeschlagen fühlen, öfter als sonst an Infekten leiden und die Muskeln schwächer sind als gewöhnlich oder schneller schmerzen.

Im Sommer können wir vieles, was Kinder mögen, prima machen:

> Barfuß laufen,
> sich ein Eis ums andre kaufen
> oder in der Sonne sitzen
> und dabei ganz mächtig schwitzen,
> am Sandstrand hohe Burgen bauen,
> beim Nachbarn ein paar Beeren klauen,
> mit Papa abends Bälle kicken,
> einfach in den Himmel blicken,
> Fahrrad fahren, Reise machen,
> schwimmen gehen, blödeln, lachen,
> im Garten grillen und gut essen.
> Sommerfeste nicht vergessen.
> Die sind nämlich echt der Hit,
> und der Sommer feiert mit.

Doch nicht nur das Licht, auch die Wärme des Sommers trägt zu unserem Wohlbefinden maßgeblich bei. Der Mensch fühlt sich aufgrund seiner genetischen

Ausstattung in einem Temperaturbereich zwischen 20 und 30° Celsius fast immer am wohlsten. Soziale Kontakte entstehen viel rascher als im Herbst und im Winter. Nicht zuletzt treffen wir, sobald wir vor die Tür gehen, gerade im Frühling und im Sommer vermehrt auf andere Menschen. Wir Menschen sind von Natur aus soziale Wesen, und unsere Kontakte und Beziehungen zu anderen tragen ganz erheblich zu unserem Wohlbefinden bei. Also nutzen Sie das Licht, die Wärme und die sozialen Anregungen der Sommermonate. Gehen Sie gemeinsam mit anderen Menschen in die Natur und seien Sie dort aktiv. Trübe Gedanken lassen sich so meist besonders rasch verscheuchen.

Die Sonne scheint immer.

Eine ganze Woche war es herrlich warm, sieben Tage lang, jeden Morgen, wenn Adam und Eva aufwachten, stand die Sonne leuchtend hell zwischen dem Hochhaus und der Kirche. Aber heute ist alles anders. Heute ist der Himmel grau. Dicke Wolken türmen sich hinter dem Hochhaus.

»Sie ist weg«, ruft Eva und schaut verwundert aus dem Fenster.

»Wer?«, fragt Adam.

»Die Sonne.«

Tatsächlich. Weit und breit ist nicht das kleinste Sonnenschimmerchen zu sehen. Eva rennt zur Mama und schreit: »Die Sonne ist weg!«

Kapitel 11: Warum macht die Sonne uns glücklich?

Mama sieht Eva an und lacht: »Aber nein! Sie ist nicht weg, sie versteckt sich nur manchmal hinter den Wolken. Wenn sie weg wäre, dann wäre kohlpechrabenschwarze Nacht auf der Erde, und es würde eisig kalt. Da würde alles erfrieren, die Blumen und die Bäume und alle Tiere. Und wir Menschen auch. Ohne Sonne können wir nicht leben.«

Mama erklärt weiter: »Sie ist irgendwo dort oben, die Sonne«, und blickt durchs Fenster zum Himmel. »Ich weiß es, die Sonne scheint immer. Auch wenn wir sie nicht sehen können, wie die Luft, den Wind und Gott.«

Es möge euch immer Sonnenschein begleiten, auch wenn sie manchmal nicht zu sehen ist, denn wichtig ist, die Sonne immer im Geist und in Gedanken dabei zu haben.

Hinter jeder Wolke steckt die Sonne.

Kapitel 12:
Wie besiege ich meine Sorgen – 10 Erlebnisberichte

1. Roger W. Babson

Innerhalb einer Stunde verwandle ich mich in einen unverbesserlichen Optimisten

Wenn ich entdecke, dass ich über den Stand der Dinge deprimiert bin, kann ich innerhalb einer Stunde mit meinen Sorgen fertig werden und mich in einen unverbesserlichen Optimisten verwandeln.

Ich mache es so: Ich gehe in meine Bibliothek, schließe die Augen und steure auf bestimmte Regale zu, die nur geschichtliche Werke enthalten. Die Augen immer noch geschlossen, greife ich nach einem Buch und weiß nicht, ob ich einen Band von William Prescotts Geschichte der Eroberung Mexicos erwische oder Suetons Kaiserviten. Ich schlage das Buch blind irgendwo auf. Dann öffne ich die Augen und lese eine Stunde. Und je länger ich lese, umso klarer wird mir, dass die Welt schon immer mit ihrem Untergang kämpfte, unsere Zivilisation schon immer auf den Abgrund zu taumelte. Die Seiten der Geschichte quellen förmlich über vor traurigen Berichten über Krieg, Hunger, Armut, Pestilenz und die Unmenschlichkeit des Menschen.

Nachdem ich eine Stunde lang in einem Geschichtswerk gelesen habe, wird mir klar, dass die Verhältnisse, so schlimm sie auch sein mögen, heute unendlich viel besser sind als früher. Nun kann ich meine augenblicklichen Probleme im richtigen Zusammenhang sehen und mich entsprechend verhalten, und ich erkenne auch, dass die Welt im Ganzen betrachtet immer besser wird.

Dies ist eine Methode, die ein ganzes Kapitel verdient hätte. Lesen Sie Geschichtsbücher! Bemühen Sie sich, die Dinge aus einer Distanz von zehntausend Jahren zu sehen, und erkennen Sie, wie klein Ihre Probleme sind, gemessen an der Ewigkeit.

2. Elmer Thomas

Wie ich meinen Minderwertigkeitskomplex loswurde

Mit fünfzehn Jahren quälte ich mich immerzu mit Sorgen und Ängsten und Selbstvorwürfen. Für mein Alter war ich sehr groß und dazu dünn wie eine Zaunlatte. Ich maß 1,88 Meter und wog dabei nur etwa 54 Kilo. Trotz meiner Größe war ich nicht kräftig und konnte mich mit den andern Jungen beim Baseballspielen und Laufen nicht messen. Sie machten sich über mich lustig und nannten mich »langer Lulatsch«. Ich war so gehemmt und unsicher, dass ich mich vor allen Leuten fürchtete und meistens für mich allein blieb.

Unsere Farm lag nicht an einer öffentlichen Straße und war von dichtem Wald umgeben, der seit Urzeiten nicht abgeholzt worden war. Wir wohnten ungefähr einen Kilometer von der nächsten Landstraße entfernt, und oft verstrich eine Woche, ohne dass ich jemanden sah, außer meiner Mutter, meinem Vater und meinen Geschwistern. Ich wäre ein Versager geworden, wenn ich mich von meinen Sorgen und Ängsten hätte unterkriegen lassen. Jeden Tag und jede Stunde des Tages brütete ich über meinen großen, hageren, schwächlichen Körper. Ich konnte kaum an etwas anderes denken. Meine Verwirrung und meine Furcht waren so stark, dass sie sich fast nicht beschreiben lassen. Meine Mutter wusste, wie es um mich stand. Sie war Lehrerin gewesen und sagte eines Tages zu mir: »Junge, du sollst eine ordentliche Erziehung bekommen, weil du dir deinen Lebensunterhalt mit dem Kopf verdienen musst. Dein Körper wird immer ein Handicap für dich sein.«

Da meine Eltern mich nicht aufs College schicken konnten, musste ich mich auf mich allein verlassen, das wusste ich. Deshalb jagte und fing ich im Winter Opossums, Stinktiere, Nerze und Waschbären. Im Frühling verkaufte ich meine Felle für vier Dollar und kaufte da für zwei Ferkel. Ich zog sie groß, erst mit der Flasche, dann mit Mais, und verkaufte sie im nächsten Herbst für 40 Dollar. Mit dem Erlös aus dem Verkauf fuhr ich nach Danville in Indiana und schrieb mich auf dem Central Normal College ein. Ich bezahlte einen Dollar und vierzig Cent in der Woche für mein Essen und fünfzig Cent die Woche für mein Zimmer. Ich trug ein braunes Hemd, das meine Mutter genäht hatte. Mein Anzug stammte von meinem Vater. Er passte mir nicht, und auch seine Schuhe passten mir nicht. Sie hatten seitlich einen Gummizug, der sich dehnte, wenn man sie anzog. Jetzt war er völlig ausgeleiert, sodass mir die Schuhe beim Gehen beinahe von den Füßen rutschten.

Aus Verlegenheit wollte ich mit den anderen Studenten so wenig wie möglich zu tun haben und saß nur in meinem Zimmer und lernte. Es war mein sehnlichster Wunsch, mir ein paar Sachen von der Stange kaufen zu können, die mir passten, sodass ich mich nicht mehr schämen musste.

Kurz darauf ereignete sich vier Dinge, die mir halfen, meine Angst und meinen Minderwertigkeitskomplex zu überwinden. Eines dieser Ereignisse gab mir Mut, Hoffnung, Vertrauen und änderte mein Leben völlig.

1. Nachdem ich acht Wochen auf dem College war, machte ich eine Prüfung und schloss mit einer Drei ab. Das bedeutete, dass ich an einer Landschule unterrichten durfte. Dieses Zeugnis galt allerdings

nur sechs Monate, doch es war ein erster Beweis, dass jemand an mich glaubte, der erste Vertrauensbeweis, den ich bis dahin erhalten hatte, abgesehen von denen meiner Mutter.

2. Die Landschule eines Ortes namens Happy Hollow stellte mich als Lehrer ein für zwei Dollar am Tag oder 40 Dollar im Monat. Noch ein Beweis, dass jemand an mich glaubte.

3. Von meinem ersten selbst verdienten Geld kaufte ich mir sofort einen Anzug – einen, den ich tragen konnte, ohne mich zu schämen. Wenn mir heute jemand eine Million Dollar gäbe, würde es mir keine solche Freude machen wie jener erste ordentliche Anzug, für den ich nur ein paar Dollar bezahlte.

4. Der wahre Wendepunkt in meinem Leben, der erste große Sieg im Kampf gegen meine Unzulänglichkeit, geschah auf dem alljährlichen Jahrmarkt von Bainbridge in Indiana. Meine Mutter hatte mich gedrängt, an einem Redewettbewerb teilzunehmen, der dort stattfand. Allein der Gedanke daran war schon fantastisch. Ich hatte nicht den Mut, auch nur mit einem Menschen zu reden, geschweige denn zu einer Menge von Zuhörern. Aber der Glaube meiner Mutter hatte fast schon etwas Rührendes.

Sie hatte große Träume für meine Zukunft. Sie lebte nur durch mich. Ihr Glaube an mich führte dann dazu, dass ich mich zu dem Wettbewerb anmeldete. Als Thema wählte ich einen Stoff, von dem ich nicht die geringste Ahnung hatte. Ich wollte über »die schönen und freien Künste von Amerika« sprechen.

Offen gestanden wusste ich, als ich mich auf meinen Vortrag vorzubereiten begann, überhaupt nicht, was die freien Künste überhaupt waren, aber es spielte keine Rolle, denn meine Zuhörer wussten es auch nicht. Ich lernte meine blumige Rede auswendig und probte sie Hunderte von Malen, Kühe und Bäume als Publikum. Um meiner Mutter eine Freude zu machen, wollte ich unbedingt gut abschneiden und muss meine Rede mit viel Gefühl gehalten haben. Jedenfalls gewann ich den ersten Preis und war darüber völlig verblüfft. Die Zuhörer ließen mich hoch leben. Die Jungen, die mich früher verspottet und lächerlich gemacht hatten und mich Lulatsch genannt hatten, klopften mir nun auf die Schulter und sagten: »Ich wusste, dass du es schaffst, Elmar.« Meine Mutter schlang ihre Arme um mich und schluchzte.

Wenn ich jetzt daran zurückdenke, erkenne ich, dass mein Sieg bei diesem Redewettbewerb der Wendepunkt in meinem Leben war. Die Lokalzeitungen brachten einen Artikel über mich auf der ersten Seite und prophezeiten mir eine große Zukunft. Ich war jetzt im Ort bekannt und genoss ein gewisses Ansehen, und – was viel wichtiger war – mein Selbstvertrauen verhundertfachte sich. Ich weiß heute, dass ich vermutlich nicht Senator geworden wäre, wenn ich diesen Wettbewerb nicht gewonnen hätte, denn durch ihn wuchs mein Vertrauen, wurde mein Blickfeld größer und ich begriff, dass ich Fähigkeiten besaß, an die ich nicht im Traum gedacht hatte.

Am wichtigsten war jedoch, glaube ich, die Tatsache, dass mit dem ersten Preis ein Jahresstipendium am Central Normal College verbunden war. Ich hungerte jetzt nach mehr Wissen. In den nächsten Jahren teilte ich meine Zeit auf in Unterrichten und Lernen. Um die Studiengebühren der Universität bezahlen zu können, arbeitete ich als Kellner, Buchhalter, mähte Rasen, arbeitete im Sommer auf den Weizen- und Maisfeldern und schaufelte Kies beim Straßenbau. Mit nur neunzehn Jahren hielt ich 28 Wahlreden für den Präsidentschaftskandidaten William Jennings Bryan. Das war eine so spannende und aufregende Sache, dass ich Lust bekam, selbst in die Politik zu gehen. Ich war dreizehn Jahre im Senat von Oklahoma, vier Jahre im Abgeordnetenhaus und wurde mit 50 Jahren zum US-Senator von Oklahoma gewählt, was mein lebenslanger Ehrgeiz gewesen war.

Ich habe diese Geschichte nicht erzählt, um mit meinen vergänglichen Taten zu prahlen, die sicherlich niemanden interessieren, sondern in der Hoffnung, dadurch irgendeinem armen Jungen neuen Mut zu machen und sein Selbstvertrauen zu stärken, einem Jungen, der die gleichen Ängste und Komplexe hat wie ich damals, als ich den abgelegten Anzug meines Vater trug und seine Gummizugschuhe, die mir bei jedem Schritt fast von den Füßen rutschten.

3. Dorothy Dix

Ich habe gestern durchgehalten, ich halte auch heute durch

Ich bin durch alle Tiefen der Armut und der Krankheit gegangen. Wenn mich die Leute fragen, wie ich mit den Problemen fertig wurde, die wir ja alle haben, antworte ich immer: »Ich habe gestern durchgehalten – ich halte auch heute durch.« Und ich erlaube mir nicht, daran zu denken, was morgen sein könnte. Ich habe Not, Kampf, Angst und Verzweiflung gekannt. Ich musste immer hart arbeiten, oft ging es über meine Kräfte. Wenn ich jetzt auf mein Leben zurückblicke, sehe ich es als Schlachtfeld, auf dem die Reise meiner gestorbenen Träume und zerbrochenen Hoffnungen und zerstörten Illusionen liegen. Einer Schlacht, bei der ich immer gegen eine erdrückende übermacht ankämpfen musste und die mich voll Narben, verletzt und entstellt und frühzeitig gealtert zurückgelassen hat. Trotzdem habe ich kein Mitleid mit mir. Ich weine keine Tränen über Vergangenheit und vergangenes Leid. Ich beneide die Frauen nicht, denen erspart blieb, was ich durchmachte, denn ich habe gelebt. Sie dagegen haben nur existiert. Ich habe den Kelch meines Lebens bis zum letzten Tropfen geleert. Sie dagegen nur den Schaum an der Oberfläche geschlürft. Ich kenne Dinge, die sie niemals kennen werden. Ich sehe Dinge, für die sie blind sind. Nur Frauen, deren Augen von den Tränen sauber gewaschen wurden, haben jenen weiten Blick, der sie zu barmherzigen Schwestern für die ganze Welt macht. Ich habe auf der großartigen Universität der Nackenschläge eine Lebensphilosophie gelernt, die keine Frau mit einem einfachen, leichten Leben je kennenlernen wird. Ich habe gelernt, jeden Tag anzunehmen, wie er kommt, und mir nicht noch zusätzliche Sorgen über das Morgen zu machen. Es ist die dunkle Drohung unserer Vorstellungskraft, die uns zu Feiglingen macht. Ich habe jene Angst vor der Zukunft besiegt, weil mich die Erfahrung lehrte, dass, wenn die Zeit kommt, Angst zu haben, auch die Kraft und die Weisheit da ist, sie zu bekämpfen. Ängstliche Kleinigkeiten können mich nicht mehr erschüttern. Wenn man erlebt hat, wie das ganze Gebäude seines Glücks ins Wanken gerät und um einen zusammenstürzt, spielt es nie wieder eine Rolle, ob das Mädchen vergessen hat, Deckchen unter die Fingerschalen zu legen oder die Köchin die Suppe verschüttete. Ich habe gelernt, nicht zu viel von den Menschen zu erwarten, und deshalb kann ich immer noch über einen Freund glücklich sein, der es nicht ganz ehrlich meint mit mir, oder über eine Bekannte, die klatscht. Vor allem habe ich einen Sinn für Humor entwickelt, denn es gab so viele Dinge, über die ich entweder weinen oder lachen musste. Und wenn eine Frau über ihre Probleme scherzen kann, statt hysterische Anfälle zu bekommen, kann sie nicht mehr viel umwerfen. Ich bedauere nicht, so viel Not kennengelernt zu haben, denn dadurch spürte ich das Leben in jedem Augenblick, den ich lebte. Und das war den Preis wert, den ich dafür bezahlen musste.

Dorothy Dix besiegte ihre Sorgen und Ängste, weil sie ihr Leben in Einheiten von Tagen gliederte.

4. Von J. C. Penney

Ich dachte, ich würde den nächsten Tag nicht mehr erleben

Vor Jahren machte ich die schlimmste Zeit meines Lebens durch. Aber meine Sorgen waren in keiner Weise mit der J. C. Penney-Gesellschaft verbunden. Das Geschäft war grundsolide und expandierte immer mehr. Es handelte sich vielmehr darum, dass ich persönlich einige unkluge Verpflichtungen eingegangen war, vor dem Bankkrach von 1929. Wie vielen anderen Leuten gab man auch mir die Schuld an Verhältnissen, für die ich nicht im Mindesten verantwortlich war. Ich quälte mich so mit meinen Problemen herum, dass ich nicht schlafen konnte und eine höchst schmerzhafte Gürtelrose bekam, einen roten Hautausschlag mit vielen Bläschen. Ich ging zum Arzt, einem Mann, mit dem ich als Junge zur Schule gegangen war. Dr. Elmer Eggleston. Er gehörte zur Ärzteschaft eines Sanatoriums in Michigan. Dr. Eggleston steckte mich ins Bett und sagte mir, dass ich ein sehr kranker Mann sei. Eine strenge Behandlung folgte. Doch nichts half. Ich wurde täglich schwächer. Ich war nervlich und körperlich am Ende, voll Verzweiflung, ohne auch nur einen Schimmer von Hoffnung. Das Leben hatte keinen Sinn mehr, ich hatte das Gefühl, keinen einzigen Freund mehr zu haben, und sogar meine Familie schien sich von mir abgewandt zu haben.

An einem Abend gab mir Dr. Eggleston ein Beruhigungsmittel, doch die Wirkung hielt nicht lange an, und ich erwachte mit der niederschmetternden Überzeugung, dass die letzte Nacht meines Lebens gekommen war. Ich kletterte aus dem Bett und schrieb Abschiedsbriefe an meine Frau und meinen Sohn, weil ich meinte, den nächsten Tag wohl nicht mehr zu erleben.

Als ich am nächsten Morgen erwachte, war es hell, und zu meinem Erstaunen lebte ich noch immer. Ich ging hinunter und hörte nebenan in der kleinen Kapelle die Leute singen. Dort wurde täglich Andacht gehalten. Das Lied werde ich nie vergessen: Gott wird immer für dich sorgen. Ich ging in die Kapelle, lauschte mit müdem Herzen dem Gesang und dem Bibeltext und dem Gebet. Plötzlich geschah etwas Seltsames. Ich kann es nicht erklären. Ich glaube, es war ein Wunder. Mir war, als habe man mich aus einem dunklen Verlies ans warme, helle Sonnenlicht geholt. Ich hatte das Gefühl, als sei ich aus der Hölle ins Paradies geführt worden. Ich spürte die Kraft Gottes, wie ich sie noch nie im Leben gespürt hatte. Plötzlich erkannte ich, dass ich allein für all meine Sorgen verantwortlich war. Und ich wusste auch, dass Gott mir in seiner großen Güte und Liebe helfen würde. Von diesem Tag an war mein Leben frei von Ängsten und Sorgen.

Ich bin 71 Jahre alt, und die aufregendsten und schönsten zwanzig Minuten meines Lebens waren jene, die ich damals in der Kapelle saß.

Gott wird immer für dich sorgen.

5. Von Eddie Wagan

Ich boxe mit dem Sandsack oder wandere hinaus aufs Land

Wenn ich mir Sorgen mache und entdecke, dass sich meine Gedanken endlos im Kreis drehen wie die Kamele an ägyptischen Wasserrädern, dann hilft es mir, mich körperlich auszuarbeiten, um eine trübe Stimmung zu verscheuchen. Ich jogge oder mache eine Wanderung aufs Land hinaus, oder ich boxe im Sportzentrum eine halbe Stunde mit dem Punchingball oder spiele Squash. Es ist gleichgültig, was es ist, jede körperliche Bewegung klärt meinen geistigen Horizont. Am Wochenende treibe ich viel Sport, ich spiele zum Beispiel eine Runde Golf, Tennis oder fahre zum Skifahren in die Berge. Wenn ich mich körperlich ermüde, kann sich mein Kopf ausruhen, und ich denke nicht mehr an meine Klienten. Bei meiner Rückkehr in die Stadt habe ich dann wieder neuen Schwung und neue Kraft. Manchmal habe ich auch in New York, wo ich als Rechtsanwalt arbeite, die Möglichkeit, für eine Stunde in das Sportzentrum des Yala Club zu gehen.

Kein Mensch kann sich ängstigen oder sich Sorgen machen, während er Tennis spielt oder Ski fährt. Er ist viel zu beschäftigt. Die riesigen Gebirge von Problemen werden zu winzigen Maulwurfshügeln, die neue Gedanken und Taten rasch einebnen. Sich körperlich auszuarbeiten, ist meiner Meinung nach der beste Sorgenbrecher. Gebrauchen Sie Ihre Muskeln mehr und denken Sie weniger, wenn Sie deprimiert sind. Sie werden über die Wirkung staunen. Bei mir funktioniert es jedenfalls. Die Sorgen gehen, wenn die Bewegung kommt.

6. Von Ted Ericksen

Ich ging zu Boden und stand wieder auf

Früher war ich ein schrecklicher Schwarzseher. Heute bin ich es nicht mehr, denn ich hatte ein Erlebnis, das alle meine Sorgen vertrieb, ein für alle Mal, wie ich hoffe. Im Vergleich zu dem, was ich durchmachte, waren alle anderen Schwierigkeiten winzig klein.

Jahrelang hatte ich mir gewünscht, den Sommer auf einem Fischkutter verbringen zu können, und deshalb heuerte ich eines schönen Tages in Alaska auf einem Zehnmeterboot an, das zum Lachsfang ausfuhr. Auf einen Schiff dieser Größe gibt es nur eine kleine Besatzung: den Skipper, der alles überwacht, eine Nummer zwei, die dem Skipper hilft, und ein Arbeitspferd, meistens ein Skandinavier. Ich bin Skandinavier. Da der Lachsfang von den Gezeiten abhängt, arbeitete ich oft 24 Stunden am Tag, immer ungefähr eine Woche lang. Ich erledigte alles, wozu die anderen keine Lust hatten. Ich wischte das Boot, verstaute die Gerätschaften, kochte mit Holz auf einem kleinen Ofen in einer winzigen Kombüse, wo die Hitze und der Gestank des Motors mich beinahe umbrachten. Ich spülte das Geschirr, reparierte das Boot, beförderte den Lachs von unserem Boot in einen Kutter, der ihn zur Fischfabrik fuhr. Die Füße in den Gummistiefeln waren immer nass. Meine Stiefel waren oft voll Wasser, aber ich hatte keine Zeit, sie auszuschütten.

Das alles war jedoch ein Kinderspiel, verglichen mit meiner Hauptarbeit. Sie bestand darin, die so genannte Korkleine einzuholen. Es heißt einfach, dass man sich am Heck aufbaut und die Netzkorken und das Netz hereinzieht. Jedenfalls sollte es so gemacht werden. Aber in Wirklichkeit war das Netz zu schwer. Wenn ich zog, rührte es sich nicht vom Fleck. Tatsache war, dass ich auf diese Weise das Boot weiterzog. Ich zog es aus eigener Kraft weiter, weil das Netz sich nicht bewegen ließ. Das ging wochenlang so, ohne Ende. Für mich wäre es auch fast das Ende gewesen. Ich hatte schreckliche Schmerzen. Mir tat alles weh. Monatelang nichts als Schmerzen. Wenn ichzwischendurch einmal eine Gelegenheit zum Ausruhen hatte, schlief ich auf einer feuchten, klumpigen Matratze, die auf der Vorratskiste mit Lebensmitteln lag. Einen Klumpen der Füllung schob ich mir ins Kreuz, wo es am meisten weh tat, und dann schlief ich wie betäubt von der totalen Erschöpfung.

Heute bin ich froh, dass ich die vielen Schmerzen und Strapazen durchstehen musste, denn es half mir, meine Sorgen und Ängste zu besiegen. Jedes Mal, wenn ich jetzt ein Problem habe, frage ich mich: Erikson, kann es so schlimm sein, wie die Korkleine einzuholen? Und Erikson antwortet immer: Nein, etwas Schlimmeres gibt es nicht. Das muntert mich auf, und ich packe die

Sache energisch an. Ich finde, es ist wichtig, dass man manchmal eine schlimme Erfahrung durchstehen muss. Ein gutes Gefühl, wenn man zu Boden geht und wieder aufstehen kann. Im Vergleich dazu sehen alle unsere Alltagsprobleme auf einmal unbedeutend aus.

7. Percy H. Whiting

Ich war der größte Esel der Welt

Ich bin öfter an den unterschiedlichsten Krankheiten gestorben als jeder andere Mensch, ob lebendig, tot oder halb tot. Ich war kein gewöhnlicher Hypochonder. Meinem Vater gehörte ein Drugstore, in dem ich praktisch aufwuchs. Ich sprach jeden Tag mit Ärzten und Krankenschwestern und kannte Namen und Symptome von mehr und schlimmeren Krankheiten als der durchschnittliche Laie. Ich war kein gewöhnlicher Hypochonder, ich hatte auch die entsprechenden Symptome. Ich konnte mich innerhalb von ein paar Stunden so in eine Krankheit hineinsteigern, dass ich tatsächlich alle für sie typischen Symptome bekam.

Ich erinnere mich, dass in meiner Heimatstadt einmal eine schwere Diphtherieepidemie ausbrach. Im Drugstore meines Vaters verkaufte ich tagelang Medikamente an Leute aus betroffenen Familien. Und schließlich erschien der Teufel auch, den ich an die Wand gemalt hatte: Ich bekam selbst Diphtherie. Es bestand kein Zweifel. Ich legte mich ins Bett und steigerte mich so in meine Angst hinein, dass ich alle typischen Symptome bekam. Ich ließ einen Arzt holen. Er untersuchte mich und sagte: »Ja, Percy, Sie haben sich angesteckt.« Da fiel mir ein Stein vom Herzen. Jetzt, als ich die Krankheit endlich hatte, fürchtete ich mich nicht mehr vor ihr. Ich drehte mich also auf die Seite und schlief ein. Am nächsten Morgen war ich völlig gesund.

Jahrelang hatte ich mich mit ungewöhnlichen und bizarren Krankheiten wichtig gemacht und damit viel Beachtung und Mitgefühl erhalten: Mehrmals starb ich an Kieferklemme oder Tollwut. Später gab ich mich mit den heute üblichen Krankheiten zufrieden wie etwa Krebs oder Tuberkulose.

Jetzt kann ich darüber lachen, aber damals war das Ganze wirklich sehr traurig. Über Jahre war ich felsenfest davon überzeugt, dass ich buchstäblich am Rand des Grabes lebte. Wenn es im Frühling zum Beispiel Zeit für einen neuen Anzug wurde, überlegte ich: Sollst du dafür noch Geld ausgeben, wenn du doch weißt, dass du ihn nicht mehr viel tragen wirst? Doch kann ich zum Glück berichten, dass ich Fortschritte gemacht habe: In den letzten zehn Jahren bin ich nicht ein einziges Mal gestorben! Wie ich das geschafft habe?

Ich verspottete mich selbst wegen meines Fantasiereichtums. Jedes Mal, wenn ich merkte, dass es wieder losging, lachte ich mich aus und sagte: Hör mal, Whiting, seit zwanzig Jahren stirbst du an einer schlimmen

Krankheit nach der anderen, und trotzdem bist du heute immer noch kerngesund. Sogar die Lebensversicherung hat dich weiterversichert. Findest du nicht, Freundchen, dass du dich mal hinstellen und ordentlich über dich lachen solltest, weil du so ein Esel bist?

Ich fand sehr bald heraus, dass ich nichtgleichzeitig über mich lachen und mir Sorgen machen konnte. Seitdem lache ich über mich.

8. Von Kathleen Halter

Ich betete, dass Gott mich nicht ins Waisenhaus schicken sollte

Mein Leben als kleines Mädchen war voller Schrecken. Meine Mutter war herzkrank, jeden Tag wurde sie ohnmächtig und sank zu Boden. Wir hatten alle Angst, sie würde sterben, und ich glaubte, alle kleinen Mädchen ohne Mutter würden ins Waisenhaus gesteckt, das zu der kleinen Stadt gehörte, wo ich wohnte. Ich fürchtete mich davor, und so betete ich mit meinen sechs Jahren immer wieder: Lieber Gott, bitte, lass meine Mama am Leben, bis ich so alt bin, dass ich nicht mehr ins Waisenhaus muss.

Zwanzig Jahre später hatte mein Bruder eine schreckliche Verletzung und litt heftige Schmerzen, bis er nach zwei Jahren starb. Er konnte nicht allein essen oder sich im Bett umdrehen. Zur Betäubung seiner Schmerzen musste ich ihm alle drei Stunden eine Morphiumspritze geben, auch nachts. Das machte ich zwei Jahre lang.

Ich unterrichtete zu jener Zeit Musik an unserem einheimischen College. Wenn die Nachbarn meinen Bruder vor Schmerzen schreien hörten, riefen sie mich in der Schule an, und ich stürzte aus der Klasse und eilte nach Hause, um meinem Bruder eine Spritze zu geben.

Vor dem Schlafengehen stellte ich den Wecker, damit er mich nach drei Stunden weckte und ich meinem Bruder die nächste Spritze geben konnte. Ich erinnere mich, dass ich im Winter abends eine Flasche Milch vors Fenster stellte, die gefror und zu einer Art Eis wurde, das ich gern mochte. Wenn der Wecker klingelte, war der Gedanke an die zu Eis gewordene Milch ein zusätzlicher Anreiz aufzustehen.

In dieser Zeit der großen Schwierigkeiten waren es zwei Dinge, die mich daran hinderten, in Selbstmitleid zu schwelgen und mir durch Groll und Angst das Leben schwer zu machen. Erstens gab ich zwölf bis vierzehn Stunden am Tag Musikunterricht. Vor lauter Arbeit fand ich kaum Zeit, an meine Probleme zu denken. Und wenn ich versucht war, mich zu bemitleiden, sagte ich mir wieder und wieder: Hör zu, meine Liebe, du kannst laufen und essen und Geld verdienen und hast keine Schmerzen. Da solltest du der glücklichste Mensch auf der Welt sein. Gleichgültig, was passiert, das solltest du nie in deinem Leben vergessen. Niemals! Ich war fest entschlossen, alles in meiner Macht Stehende zu tun, damit ich ein andauerndes und unbewusstes Gefühl der Dankbarkeit in mir spürte, für die vielen Segnungen, die ich erhielt. Jeden Morgen, wenn ich erwachte, dankte ich Gott, dass ich aufstehen und sehen, gehen und essen konnte. Trotz meiner Probleme stand mein Entschluss unerschütterlich fest: Ich würde der glücklichste Mensch in unserer ganzen Stadt sein.

Vielleicht habe ich mein Ziel nicht erreicht, auf jeden Fall aber schaffte ich es, die dankbarste junge Frau zu sein, und wahrscheinlich haben sich wenige meiner Freunde und Bekannten weniger Sorgengemacht als ich.

Die Musiklehrerin aus Missouri wandte zwei Methoden auf ihr eigenes Leben an: Sie arbeitete so viel, dass sie keine Zeit fand, sich Sorgen zu machen, und sie zählte nur das Positive, das ihr zuteil wurde.

9. Del Hughes

Ich fand die Antwort

Bei einer Landeübung der Marine vor den Hawaii-Inseln holte ich mir drei gebrochene Rippen und ein Loch in der Lunge und kam ins Lazarett. Ich hatte vom Landeboot springen wollen, als eine große Welle es anhob und ich das Gleichgewicht verlor. Ich schlug mit solcher Wucht im Sand auf, dass ich mir drei Rippen brach und die eine meine Lunge durchbohrte. Drei Monate lag ich schon im Lazarett, da machte mir der Arzt eines Tages eine Eröffnung, die der größte Schock meines Lebens war. Er sagte, dass meine Genesung absolut keine Fortschritte mache. Nachdem ich lange und gründlich darüber nachgedacht hatte, wurde mir klar, dass meine Sorgen mich daran hinderten, gesund zu werden. Ich war immer ein sehr unternehmungslustiger Typ gewesen, und nun lag ich bereits seit drei Monaten flach auf dem Rücken im Bett, 24 Stunden am Tag, ohne etwas zu tun, und fing an zu grübeln. Und je mehr ich nachdachte, umso mehr Probleme bauten sich vor meinem geistigen Auge auf: Ich fragte mich, ob ich je wieder meinen Platz in der Welt einnehmen würde und ob ich wohl eine Frau finden und ein Dasein wie alle anderen führen würde.

Ich bat den Arzt, mich in eine andere Krankenabteilung zu verlegen, die wir »Country Club« nannten, weil die Patienten dort fast alles tun durften, wozu sie Lust hatten. Im »Country Club« begann ich mich für Bridge zu interessieren, in sechs Wochen hatte ich es gelernt, indem ich mit anderen Verwundeten spielte und auch die Bridgebücher las. Später spielte ich fast jeden Abend, solange ich im Lazarett war. Auch das Malen in Öl weckte meine Neugier, und so malte ich unter Anleitung eines Lehrers jeden Nachmittag von drei bis fünf Uhr. Ich schnitzte in Holz und Seife und las Bücher darüber und war auch davon begeistert. Ich hatte jeden Tag so viel vor, dass mir keine Zeit blieb, mir Sorgen zu machen. Ich begann sogar, Bücher über Psychologie zu lesen, die ich vom Roten Kreuz erhielt.

Nach ein paar Monaten kamen Ärzte und Pflegepersonal zu mir und beglückwünschten mich, weil meine Gesundheit solche erstaunlichen Fortschritte gemacht hatte. Es waren die schönsten Worte, die ich seit langem gehört hatte. Ich hätte vor Freude am liebsten geschrien.

Was ich damit sagen möchte, ist folgendes: Während ich tatenlos flach auf dem Rücken im Bett lag und mir über meine Zukunft Sorgen machte, wurde ich nicht gesund. Ich vergiftete meinen Körper mit düsteren Gedanken. Selbst die gebrochenen Rippen wollten nicht heilen. Aber sobald ich mich ablenkte und Bridge spielte, malte und schnitzte, eröffneten mir die Ärzte, dass meine Gesundheit erstaunliche Fortschritte gemacht habe. Heute bin ich völlig gesund und lebe ein normales Leben, und meine Lunge funktioniert so gut wie Ihre.

10. Von Paul Sampson

Ich brachte mich langsam um, weil ich nicht wusste, wie man entspannt

Bis vor sechs Monaten fuhr ich mit Vollgas durchs Leben. Ich war immer angespannt, gestresst, nie locker und entspannt. Jeden Abend, wenn ich aus dem Büro kam, war ich erschöpft und mit den Nerven völlig am Ende. Warum? Weil nie jemand zu mir sagte: »Paul, du bringst dich um. Warum machst du nicht ein wenig langsamer? Warum entspannst du dich nicht?«

Morgens stand ich sofort auf, aß hastig, rasierte mich hastig, zog mich hastig an und fuhr zur Arbeit, als hätte ich Angst, das Steuer würde zum Seitenfenster hinausfliegen, wenn ich es nicht fest gepackt hielte. Ich arbeitete schnell, fuhr schnell nach Hause und versuchte sogar, schnell zu schlafen. Ich war in solch einem schlimmen Zustand, dass ich einen berühmten Nervenarzt aufsuchte. Er sagte, ich müsse entspannen. Ich solle an nichts anderes als an Entspannung denken, beim Arbeiten, beim Autofahren, beim Essen und beim Einschlafen. Er erklärte mir, dass ich eine Art von langsamen Selbstmord begehe, weil ich nicht wisse, wie man entspanne.

Seit jenem Tag übe ich mich in Entspannung. Abends im Bett vor dem Einschlafen bemühe ich mich, meinen Körper bewusst zu entspannen und meinen Atem ruhiger werden zu lassen. Und jetzt erwache ich morgens ausgeruht, ein großer Fortschritt, denn früher pflegte ich am Morgen müde und nervös zu sein. Ich entspanne mich, wenn ich esse oder Auto fahre. Natürlich bin ich beim Fahren trotzdem konzentriert, aber ich fahre jetzt mit meinem Kopf, nicht mit den Nerven. Am meisten entspanne ich mich beim Arbeiten. Mehrmals am Tag lasse ich alles stehen und liegen, ziehe mich in mich selbst zurück und prüfe, ob ich völlig entspannt bin. Wenn jemand mit mir spricht, bin ich so ruhig wie ein schlafendes Baby. Das Ergebnis? Das Leben ist viel erfreulicher und vergnüglicher. Und ich bin völlig frei von Nervosität, Stress und Sorgen.

Nachwort

Wisst Ihr, was das schönste Gefühl meines Lebens war? Die Geburt meiner beiden Kinder. Das Gefühl war unbeschreiblich. Ich fühlte mich bestätigt, dankbar, stark, zwei Meter groß, glücklich und zufrieden. Es gibt nichts Schöneres, als Vater von zwei gesunden, wunderschönen Kindern zu werden. Möge der liebe Gott sie immerzu beschützen!

Nun bin ich nach fast sechs Monaten fertig geworden, mein Buch zu schreiben. Schließlich schreibt man ja nicht in einem Tag und auch nicht jeden Tag, aber es ist mir gelungen, ein – hoffentlich – hilfreiches Buch zu Ende zu schreiben, das mir sehr am Herzen liegt. Ich hoffe, es hilft euch auch, wenn es euch einmal schlechter geht und Ihr nicht weiter wisst. Mir selbst hilft das Buch sehr. Wenn ich nicht weiter weiß oder wenn es mir schlechter geht, schlage ich das Buch auf, und danach geht es mir viel besser und ich fühle mich viel glücklicher!

Seid mutig und hört auf euer Herz. Folgt dem Ruf eures Herzens und vertraut darauf! Glückliche Menschen lachen schöner!

Danksagung

Hier möchte ich all denen danken, die mein Leben leichter und schöner machen und dieses Buch möglich gemacht haben.

Ich danke meiner Frau Brygida, die mir immer den Rücken frei hält. Meiner Tochter Shiela, die mich mit Rat und Vorschlägen unterstützt. Meinem Sohn Shahin, der mich motiviert, immer weiterzumachen.

Ich danke dem lieben Gott, der immer zu mir steht und mich beschützt. Ich danke meiner Lektorin Frau Renate Johanna Jung, die mich dabei unterstützt hat. Ich danke meinem Verleger, der an das Buch geglaubt hat.

Ich danke auch meinen Freunden und Lesern, die es möglich machten, mein Wissen und meine Erfahrungen mit ihnen zu teilen.

Ich danke den Autoren, deren Bücher mich inspiriert haben:

Ich danke Dale Carnegie, Eckhart Tolle, Joyce Meyer, Anthony William, Bodo Schäfer, Dr. Batmanghelidj. Ich habe sehr viel von euch gelernt.

Das Leben ist schön, du kannst sein, wer du möchtest, du kannst leben, wo du möchtest, du kannst erreichen, was du möchtest.

Das Rezept für Gelassenheit ist ganz einfach: Man darf sich nicht über Dinge aufregen, die nicht zu ändern sind!

Herzlichen Dank
  Ruholla

Literatur

Die Bücher, die mich sehr inspiriert haben

Batmanghelidj, Fereydoon (2012): Sie sind nicht krank, Sie sind durstig. Heilung von innen mit Wasser und Salz (Water and Salt). 12. Auflage. VAK-Verlag-GmbH.

Carnegie, Dale (2021): Sorge dich nicht, lebe (How to Stop Worrying and Start Living). 6. Auflage. Fischer TB.

Hill,Napoleon, 2005 Denke nach und werde reich, Druckerei Plenk GmbH& Co.KG

Saint Exupéry, Antoine (2023). Der kleine Prinz (Le petit prince). Reclam.

Schäfer, Bodo (2022): Ich kann das. Wie drei Worte das tägliche Leben verändern. dtv.

Tolle, Eckhart (2010): Jetzt. Die Kraft der Gegenwart. Kamphausen Media GmbH.

William, Anthony (2019): Heile deine Leber. Die Wahrheit über chronische Erschöpfung, Reizdarm, Gewichtsprobleme, Diabetes und Autoimmunkrankheiten. Arkana.

Zu Kapitel 5 inspirierten mich die Predigten und täglichen Andachten von Joyce Meyer.